ÉTICA NA VEIA

1ª Fase da OAB

LEONARDO
RIZZOLO FETTER

ÉTICA NA VEIA

1ª Fase da OAB

5ª EDIÇÃO
REVISTA, AMPLIADA E ATUALIZADA

2024

EDITORA JusPODIVM
www.editorajuspodivm.com.br

EDITORA *Jus*PODIVM
www.editorajuspodivm.com.br

Rua Canuto Saraiva, 131 – Mooca – CEP: 03113-010 – São Paulo – São Paulo
Tel: (11) 3582.5757
• Contato: https://www.editorajuspodivm.com.br/central-de-relacionamento

Diagramação: Ana Paula Lopes Corrêa *(aninha_lopescorrea@hotmail.com)*

Capa: Maitê Coelho *(maitescoelho@yahoo.com.br)*

F421e Fetter, Leonardo Rizzolo.
Ética na Veia – 1ª Fase da OAB / Leonardo Rizzolo Fetter – 5. ed. rev., ampl. e atual. – São Paulo: Editora Juspodivm, 2024
192 p.

Inclui Bibliografia
ISBN: 978-85-442-5171-3

1. Ética. 2. Ordem dos Advogados do Brasil – Exames. I. Fetter, Leonardo Rizzolo. II. Título.

CDD 341.3361

BIBLIOTECÁRIA RESPONSÁVEL
Ana Carolina Ribeiro Mois – CRB7 – RJ 007348/0

AGRADECIMENTOS

Certa vez, há muito e muitos anos atrás (costumo dizer que foi no século passado...) um poeta escreveu

> "É preciso amar as pessoas
> Como se não houvesse amanhã"...

Então digo, de forma singela, uma vez mais, que o amor por algumas pessoas me move e motiva, sempre e para sempre.

Dessa forma, sendo repetitivo, em qualquer obra escrita, os agradecimentos serão dirigidos para Veri (minha mulher), Duda e Clara (minhas filhas), Liliane e Leomar (meus pais), Rafael e Ricardo (meus irmãos) – simples assim.

NOTA À 5ª EDIÇÃO

Chegar à 5ª edição deste livro é uma surpresa, confesso.

Sempre defendi, em sentido diametralmente oposto à grande maioria das obras jurídicas, que livros devem ser simples como a chuva, limpos como um céu de primavera e leves como a brisa da manhã! (aqui parafraseando o poeta Arnaldo Jabor).

E esta obra pretende ser exatamente isso – sem frescuras!

Todavia, ainda diante da singeleza, existe o sonho...

Qual sonho (ou pretensão)? Simples: que esta obra possa contribuir para a construção de um mundo melhor, mais justo, mais humano, em que as pessoas respeitem as pessoas.

Talvez isso seja romantizar uma obra tão singela... sim, com certeza... mas por que não? Sejamos românticos (nem que sejamos os últimos) – afinal, é tolice viver a vida sem aventura.

Bons estudos.

Vamos à luta.

Avante!

O Autor

Março de 2024

SUMÁRIO

Devo dizer que sempre me senti advogado,
mas advogado por natureza,
por destinação genética.
Eu advogava com a cabeça, mas também
advogava com alma, com coração.

Godofredo da Silva Telles Jr.

CONSIDERAÇÕES INICIAIS

Não se tem a pretensão aqui de tecer considerações teóricas sobre Ética em geral.

O objetivo é fazer um apanhado geral – um grande resumo – sobre a Ética na qualidade de disciplina cobrada no Exame de Ordem.

Nesse sentido, vamos lá!

1

LEGISLAÇÃO

O Estatuto da Advocacia e da OAB foi instituído pela Lei Federal (ordinária) nº 8.906/1994 (87 artigos). Tal legislação foi regulamentada pelo Conselho Federal – o chamado Regulamento (por volta de 150 artigos – 158 para ser exato); e, paralelamente, ainda se tem o Código de Ética e Disciplina, ato administrativo, de competência do Conselho Federal, voltado para os deveres do profissional (com pouco mais de 87 artigos).

Veja-se que, de forma bem objetiva, estas serão as normas a serem estudadas (e nesta obra comentadas) – apenas isso.

Trabalhai, porque a vida é pequena,
E não há para o tempo demoras!
Não gasteis os minutos sem pena!
Não façais pouco caso das horas!

Olavo Bilac

2

NATUREZA JURÍDICA DA ORDEM DOS ADVOGADOS DO BRASIL

Não há dúvida de que é SERVIÇO PÚBLICO, com PERSONALIDADE JURÍDICA E FORMA FEDERATIVA.

Mas também não deixa de ser uma ENTIDADE DE CLASSE, cuja inscrição concede a necessária capacitada postulatória – melhor dizendo, somente será advogado aquele que estiver regularmente inscrito na Ordem dos Advogados do Brasil (OAB).

Dessa forma, tem a OAB natureza jurídica especial e única, *sui generis*, sendo pessoa jurídica de direito público interno, que executa serviço público federal, porém não equiparável à autarquia nem à entidade paraestatal (conforme definição do Superior Tribunal Federal [STF] exarada na ADIN nº 3.026/DF, da relatoria do então Min. Eros Grau), e ao mesmo tempo sendo a entidade que reúne os advogados brasileiros:

> (...) 2. Não procede a alegação de que a OAB sujeita-se aos ditames impostos à Administração Pública Direta e Indireta.
>
> 3. A OAB não é uma entidade da Administração Indireta da União. A Ordem é um serviço público independente, categoria ímpar no elenco das personalidades jurídicas existentes no direito brasileiro.
>
> 4. A OAB não está incluída na categoria na qual se inserem essas que se tem referido como "autarquias especiais" para pretender-se afirmar equivocada independência das hoje chamadas "agências".
>
> 5. Por não consubstanciar uma entidade da Administração Indireta, a OAB não está sujeita a controle da Administração, nem a qualquer das suas partes está vinculada. Essa não vinculação é formal e materialmente necessária.

6. A OAB ocupa-se de atividades atinentes aos advogados, que exercem função constitucionalmente privilegiada, na medida em que são indispensáveis à administração da Justiça [art. 133 da CB/1988]. É entidade cuja finalidade é afeita a atribuições, interesses e seleção de advogados. Não há ordem de relação ou dependência entre a OAB e qualquer órgão público.

7. A Ordem dos Advogados do Brasil, cujas características são autonomia e independência, não pode ser tida como congênere dos demais órgãos de fiscalização profissional. A OAB não está voltada exclusivamente a finalidades corporativas. Possui finalidade institucional. (...)

8. A inclusão do art. 3º-A no Estatuto definiu que os serviços profissionais de advogado como sendo técnicos e singulares (quando comprovada sua notória especialização). E o parágrafo único do mesmo artigo conceituou notória especialização: quando o trabalho do advogado é essencial e indiscutivelmente o mais adequado à plena satisfação do objeto do contrato).

IMPORTANTE!

- Sem vínculo com a Administração Pública (art. 44, § 1º, do Estatuto e conforme ADIN nº 3.026/DF);
- Imunidade tributária (bens, rendas e serviços – art. 45, § 5º, do Estatuto);
- Membro da Diretoria ou Conselheiro – atividade gratuita (não são remunerados – art. 48 do Estatuto);
- Pode criar seu próprio título executivo (conforme o art. 46, § 1º, do Estatuto).

⦿ OBSERVAÇÃO – Natureza Jurídica do Serviços Profissionais do Advogado

Os serviços técnicos profissionais especializados são serviços que a Administração Pública deve contratar sem licitação, escolhendo o contratado de acordo, em última instância, com o grau de confiança que ela própria, a Administração deposite na especialização do contratado.

Sabe-se que Estados e a União têm procuradorias próprias sendo as contratações diretas casos excepcionais e que como os municípios não são obrigados a ter procuradorias jurídicas, as contratações só acontecem de acordo com a necessidade e pelo notório saber.

Exatamente por isso a existência da previsão do art. 3º-A.

Note-se o disposto no art. 3º-A do Estatuto:

> **Art. 3º-A.** Os serviços profissionais de advogado são, por sua natureza, técnicos e singulares, quando comprovada sua notória especialização, nos termos da lei.
>
> Parágrafo único. Considera-se notória especialização o profissional ou a sociedade de advogados cujo conceito no campo de sua especialidade, decorrente de desempenho anterior, estudos, experiências, publicações, organização, aparelhamento, equipe técnica ou de outros requisitos relacionados com suas atividades, permita inferir que o seu trabalho é essencial e indiscutivelmente o mais adequado à plena satisfação do objeto do contrato.

Tal dispositivo veio com o intuito de definir que os serviços do advogado são TÉCNICOS e SINGULARES, desde que comprovada sua notória especialização.

E o parágrafo único conceitua NOTÓRIA ESPECIALIZAÇÃO como sendo decorrente de desempenhos anteriores (estudos, experiências, publicações, etc.).

Mais – demonstrada a NOTÓRIA ESPECIALIZAÇÃO (e sendo o serviço classificado como TÉCNICO e SINGULAR), permite-se concluir que o trabalho do advogado pode ser considerado essencial (podendo, dessa forma, ser contratado sem licitação, por exemplo).

IMPORTANTE!

- ***A condição do advogado***

Segundo o art. 2º do Estatuto, o advogado é indispensável à administração da justiça;

b) O advogado presta serviço público e exerce função social;

c) No processo judicial, o advogado contribui, na postulação de decisão favorável ao seu constituinte, ao convencimento do julgador, e seus atos constituem múnus público.

d) No processo administrativo, o advogado contribui com a postulação de decisão favorável ao seu constituinte, e os seus atos constituem múnus público.

e) No exercício da profissão, o advogado é inviolável por seus atos e manifestações, nos limites desta Lei.

f) O advogado pode contribuir com o processo legislativo e com a elaboração de normas jurídicas, no âmbito dos Poderes da República.

QUESTÕES PARA ESTUDO

- **Prova: FGV – 2019 – OAB – Exame de Ordem Unificado – XXVIII – Primeira Fase**

Em certo local, pretende se a aquisição de um imóvel pelo Conselho Seccional respectivo da OAB, para funcionar como centro de apoio em informática aos advogados inscritos. Também se negocia a constituição de hipoteca sobre outro bem imóvel que já integra o patrimônio deste Conselho Seccional.

De acordo com o caso narrado, com fulcro no disposto no Regulamento Geral do Estatuto da Advocacia e da OAB, assinale a afirmativa **correta**.

a) A aquisição do imóvel dependerá de autorização da maioria dos membros efetivos do Conselho Seccional; já a constituição da hipoteca é decisão que compete à Diretoria do Conselho Seccional.
b) Tanto a aquisição do imóvel como a constituição da hipoteca dependerão de autorização da maioria dos membros efetivos do Conselho Seccional.
c) Tanto a aquisição do imóvel como a constituição da hipoteca são decisões que competem à Diretoria do Conselho Seccional, dispensada autorização dos membros efetivos do Conselho Seccional.
d) A aquisição do imóvel é decisão que compete à Diretoria do Conselho Seccional; já a constituição da hipoteca dependerá de autorização da maioria dos membros efetivos do Conselho Seccional.

RESPOSTA: LETRA D – Com fundamento no art. 48, caput e seu par. ún., do Regulamento Geral do Estatuto da Advocacia e da Ordem dos Advogados do Brasil.

- **Prova: VUNESP – 2007 – OAB SP – Exame de Ordem – III – Primeira Fase**

Assinale a opção **correta** de acordo com o Estatuto da OAB.

a) O pagamento da anuidade da OAB não isenta os advogados de recolherem contribuição sindical.
b) A anuidade da OAB é fixada pelo conselho federal da entidade.
c) Débito relativo à contribuição dos advogados para a OAB constitui título executivo extrajudicial.
d) A prescrição para pretensão de cobrança das contribuições é de cinco anos, a contar da exigibilidade.

RESPOSTA: LETRA C – Art. 46, par. ún., do Estatuto da Advocacia e da Ordem dos Advogados do Brasil.

Advogado: pianista da palavra.

Pierre Véron

3

ÓRGÃOS DA ORDEM DOS ADVOGADOS DO BRASIL

São considerados órgãos da OAB aqueles descritos no art. 45 do Estatuto. Assim:

a) **CONSELHO FEDERAL (arts. 51 a 55 do Estatuto e arts. 62 a 73 do Regulamento Geral)**

É o órgão supremo da OAB com sede na capital federal – art. 45, § 1º, do Estatuto.

É integrado por três Conselheiros Federais (a chamada delegação) oriundos dos Conselhos Seccionais (equivocadamente chamada de OAB Estadual). Tais conselheiros são eleitos (compõem a chapa do Conselho Seccional) e têm mandato de três anos.

Também são considerados membros do Conselho Federal seus ex-presidentes (honorários e vitalícios) – nas deliberações, estes têm apenas direito de manifestação (voz), não tendo direito a voto.

IMPORTANTE!

– Os presidentes dos Conselhos Seccionais, nas seções do Conselho Federal, têm direito a voz (direito de manifestação), mas não o direito de votar nas decisões de competência/atribuição do Conselho Federal.

CUIDADO, CABEÇÃO!

Ter direito a voz é simplesmente ter o direito de se manifestar. Direito a voto dentro dos Conselhos somente tem quem foi regularmente eleito (quem vota nas decisões atinentes ao Conselho Federal são os Conselheiros Federais).

DICA OLHOS DE TIGRE:

O voto no Conselho Federal é por delegação (mas na escolha da Diretoria cada membro da delegação tem um voto – art. 68, § 3º do Regulamento Geral) – art. 53, §§ 2º e 3º, do Estatuto e art. 68 do Regulamento Geral.

DICA OLHOS DE TIGRE:

*O Presidente do Conselho Federal ou dos Conselhos Seccionais que assumiu até a data da publicação do Estatuto tem, na condição de Ex-Presidente o direito de voz **e voto** em suas sessões.*

E, para os votos, vale a maioria da delegação (se houver empate, o voto será invalidado) – art. 77 do Regulamento Geral.

CUIDADO, CABEÇÃO!

O presidente do Conselho Federal tem apenas o voto de qualidade (desempate) nas deliberações do Conselho – art. 53, § 1º, do Estatuto.

DICA OLHOS DE TIGRE:

O presidente não precisa ser Conselheiro Federal, conforme o par. ún. do art. 67 do Estatuto.

Nas relações externas, o presidente da OAB apresenta-se como "Presidente Nacional da OAB", conforme previsão do art. 62, § 2º, do Estatuto.

IMPORTANTE!

A competência do Conselho Federal está estabelecida no art. 54 do Estatuto.

DICA OLHOS DE TIGRE:

Para editar e alterar o Regulamento Geral, o Código de Ética e Disciplina e os Provimentos, e, para intervir nos Conselhos Seccionais, é indispensável o quórum de dois terços das delegações – art. 78 do Regulamento Geral.

A intervenção no Conselho Seccional, por parte do Conselho Federal, segue as regras estabelecidas no art. 81 do Regulamento Geral.

Tem o Conselho Federal legitimidade para propor Ação Direta de Inconstitucionalidade (ADIN), mediante prévio juízo de admissibilidade da Diretoria (art. 82 do Regulamento Geral) e autorização do Conselho Pleno (art. 82, I, do Regulamento Geral).

Excepcionalmente, em caso de urgência, pode a Diretoria autorizar a interposição da ADIN (decisão que deverá, em seguida, ser referendada pelo Conselho – art. 82, § 1°, do Regulamento Geral).

A ADIN, quando aprovada, será proposta pelo Presidente do Conselho Federal – art. 82, II, do Regulamento Geral.

DICA OLHOS DE TIGRE:

A alienação de imóveis depende de aprovação por maioria dos conselheiros (tanto do Conselho Federal quanto do Conselho Seccional), conforme art. 48 do Regulamento Geral.

◉ **OBSERVAÇÃO IMPORTANTE** – No caso de vacância de cargo da Diretoria do Conselho Federal (perda do mandado, morte ou renúncia), o sucessor será eleito pelo Conselho Pleno – art. 98, § 3° do Regulamento Geral.

IMPORTANTE!

I – O Instituto dos Advogados Brasileiros e a Federação Nacional dos Institutos dos Advogados do Brasil são membros honorários, somente com direito a voz nas sessões do Conselho Federal (art. 51 § 3° do Estatuto);

II – Também é competência do Conselho Federal fiscalizar, acompanhar e definir parâmetros e diretrizes da relação jurídica mantida entre advogados e sociedades de advogados ou entre escritório de advogados sócios e advogado associado, inclusive no que se refere ao cumprimento dos requisitos norteadores da associação sem vínculo empregatício; promover, por intermédio da Câmara de Mediação e Arbitragem, a solução sobre questões atinentes à relação entre advogados sócios ou associados e homologar, caso necessário, quitações de honorários entre advogados e sociedades de advogados, observado o disposto no inciso XXXV do caput do art. 5° da Constituição Federal.

Inclusão do § 3º do art. 51

> § 3º O Instituto dos Advogados Brasileiros e a Federação Nacional dos Institutos dos Advogados do Brasil são membros honorários, somente com direito a voz nas sessões do Conselho Federal.

IMPORTANTE!

Inclusão de novas competências e atribuições do Conselho Federal

Inclusão dos incisos XIX e XX no art. 54

> XIX – fiscalizar, acompanhar e definir parâmetros e diretrizes da relação jurídica mantida entre advogados e sociedades de advogados ou entre escritório de advogados sócios e advogado associado, inclusive no que se refere ao cumprimento dos requisitos norteadores da associação sem vínculo empregatício;
>
> XX – promover, por intermédio da Câmara de Mediação e Arbitragem, a solução sobre questões atinentes à relação entre advogados sócios ou associados e homologar, caso necessário, quitações de honorários entre advogados e sociedades de advogados, observado o disposto no inciso XXXV do *caput* do art. 5º da Constituição Federal.

b) CONSELHOS SECCIONAIS (arts. 56 a 59 do Estatuto)

Objetivamente, temos um Conselho Seccional por Estado (por isso conhecido como OAB Estadual – ou Seção Estadual da OAB, embora não mais exista essa última denominação) – art. 45, § 2º, do Estatuto.

O Conselho Seccional é criado por Resolução do Conselho Federal, conforme art. 46 do Regulamento Geral.

É composto pelo Presidente e por sua Diretoria, bem como pelos Conselheiros Estaduais (estes têm direito de votar, de decidir e deliberar – e o voto é unipessoal, diferentemente do Conselho Federal, que é por delegação) – art. 56 do Estatuto.

Também podem participar das reuniões do Conselho Seccional o presidente da CAA, os conselheiros federais, o presidente do Conselho Federal, os presidentes das subseções, o presidente do Instituto dos Advogados e os ex-presidentes do próprio Conselho.

DICA OLHOS DE TIGRE:

Estes últimos podem participar das reuniões e têm o direito de manifestação (voz – de emitir opinião), mas não poderão participar das deliberações, ou seja, não terão o direito de votar (este será exercido apenas pelos conselheiros e pela diretoria).

A competência do Conselho Seccional está definida no art. 58 do Estatuto.

O número de Conselheiros Seccionais será fixado levando em consideração a quantidade de advogados inscritos na Seccional, conforme os critérios estabelecidos no art. 106 do Regulamento Geral, não podendo ultrapassar 80 (oitenta) conselheiros.

O exercício do cargo de Conselheiro é gratuito, conforme o art. 48 do Estatuto:

> **Art. 48.** O cargo de conselheiro ou de membro de diretoria de órgão da OAB é de exercício gratuito e obrigatório, considerado serviço público relevante, inclusive para fins de disponibilidade e aposentadoria.

IMPORTANTE!

Presidente dos Conselhos e das Subseções têm legitimidade para agira contra quem desrespeitar o Estatuto (art. 49 do Estatuto).

c) SUBSEÇÃO (arts. 60 e 61 do Estatuto)

É parte autônoma do Conselho Seccional (art. 45, § 3°, do Estatuto) – abrange um ou mais municípios (desde que possua pelo menos 15 [quinze] advogados a ela vinculados – art. 60, § 1°, do Estatuto).

Quando tiver mais do que cem advogados inscritos e vinculados, a subseção poderá criar seu Conselho – art. 60, § 3°, do Estatuto (e este Conselho poderá instruir processo disciplinar, conforme art. 120 do Regulamento Geral).

DICA OLHOS DE TIGRE:

A área territorial da Subseção pode abranger um ou mais municípios, ou parte de município, inclusive da capital do Estado, contando com um mínimo de 15 (quinze) advogados, nela profissionalmente domiciliados.

> **CUIDADO, CABEÇÃO!**
> O Conselho Seccional, mediante voto de dois terços de seus membros, pode intervir nas Subseções em que constatar grave violação desta Lei ou do Regimento Interno daquele – art. 62, § 7º, do Estatuto.

d) CAIXA DE ASSISTÊNCIA DOS ADVOGADOS (art. 62 do Estatuto)

As Caixas de Assistência dos Advogados (CAA), dotadas de personalidade jurídica própria, são criadas pelos Conselhos Seccionais (art. 121 do Regulamento Geral), quando estes contarem com mais de 1.500 (mil e quinhentos) inscritos – art. 45, § 4º, do Estatuto.

A CAA é vinculada ao Conselho Seccional e tem como objetivo prestar assistência aos advogados inscritos (órgão assistencial) – art. 62 do Estatuto.

Adquire personalidade jurídica quando seu Estatuto for aprovado e registrado no Conselho Seccional (sendo dispensado o registro em Junta Comercial ou Cartório de Títulos e Documentos) – art. 62, § 1º, do Estatuto.

Como tem personalidade (sendo, dessa forma, titular de direitos e obrigações), pode possuir patrimônio próprio – patrimônio esse que será incorporado ao Conselho Seccional no caso de extinção da CAA (art. 62, § 6º, do Estatuto).

Tem a CAA sua receita definida no art. 62, § 5º, do Estatuto e art. 57 do Regulamento Geral – metade das receitas das anuidades, depois de feitos os descontos obrigatórios (na forma do art. 56 do Regulamento Geral).

No caso de extinção da CAA seu patrimônio será direcionado (incorporado) à seccional, conforme art. 62, § 6º do Estatuto.

> **DICA OLHOS DE TIGRE:**
> O Conselho Seccional, mediante voto de dois terços de seus membros, pode intervir na CAA, no caso de descumprimento de suas finalidades, designando diretoria provisória, enquanto durar a intervenção – art. 62, § 7º, do Estatuto.

e) CONFERÊNCIA NACIONAL DOS ADVOGADOS (arts. 145 a 149 do Regulamento Geral)

É órgão consultivo máximo do Conselho Federal, reunindo se trianualmente (sempre no segundo ano do mandato).

IMPORTANTE!

As conclusões das conferências têm caráter de recomendação aos Conselhos correspondentes.

DICA OLHOS DE TIGRE:

Os Conselheiros e Presidentes dos órgãos da OAB presentes, bem como os advogados e **estagiários inscritos** na Conferência, **têm direito a voto**.

DICA OLHOS DE TIGRE:

I – As Conferências acontecerão no segundo ano do mandato.

II – São membros das Conferências:

a) efetivos: os Conselheiros e Presidentes dos órgãos da OAB presentes, os advogados e estagiários inscritos na Conferência, todos com direito a voto;

Observação – Os estudantes de direito, mesmo inscritos como estagiários na OAB, são membros ouvintes, escolhendo um porta-voz entre os presentes em cada sessão da Conferência

b) convidados: as pessoas a quem a Comissão Organizadora conceder tal qualidade, sem direito a voto, salvo se for advogado;

c) Os trabalhos da Conferência desenvolvem-se em sessões plenárias, painéis ou outros modos de exposição ou atuação dos participantes.

f) TRIBUNAL DE ÉTICA E DISCIPLINA

Sua competência – melhor seria dizer atribuição – está definida no art. 71 do Código de Ética e Disciplina.

Será composto por Conselheiros Seccionais ou advogados de notável reputação ética profissional, eleitos pelo Conselho Seccional (art. 114, § 1°, do Regulamento Geral), com o mandato de três anos (art. 114, § 2°, do Regulamento Geral).

No caso de perda do mandato (art. 66 do Estatuto), o Conselho Seccional nomeará o substituto (art. 114, § 3° do Regulamento Geral).

A principal atribuição será de julgar, em primeiro grau, o processo disciplinar – seria a primeira instância (a segunda instância seria uma das Câmaras vinculadas ao Conselho Seccional – ou seja, o recurso contra decisão do Tribunal de Ética e Disciplina [TED]).

As decisões do TED são colegiadas.

DICA OLHOS DE TIGRE: É atribuição do TED atuar como órgão mediador ou conciliador nas questões que envolvam: a) dúvidas e pendências entre advogados; b) partilha de honorários contratados em conjunto ou decorrentes de substabelecimento, bem como os que resultem de sucumbência, nas mesmas hipóteses; e c) controvérsias surgidas quando da dissolução de sociedade de advogados – art. 71, VI, do Código de Ética e Disciplina.

CUIDADO, CABEÇÃO! Cabe ao TED suspender, preventivamente, o acusado, em caso de conduta suscetível de acarretar repercussão prejudicial à advocacia – art. 70, § 3°, do Estatuto.

OUTRAS COMPETÊNCIAS DO TED:

responder a consultas formuladas, em tese, sobre matéria ético--disciplinar;

organizar, promover e ministrar cursos, palestras, seminários e outros eventos da mesma natureza acerca da ética profissional do advogado ou estabelecer parcerias com as Escolas de Advocacia, com o mesmo objetivo;

atuar como órgão mediador ou conciliador nas questões que envolvam: 1- dúvidas e pendências entre advogados;

partilha de honorários contratados em conjunto ou decorrentes de substabelecimento, bem como os que resultem de sucumbência, nas mesmas hipóteses;

controvérsias surgidas quando da dissolução de sociedade de advogados.

QUESTÕES PARA ESTUDO

- **Prova: FGV – 2019 – OAB – Exame de Ordem Unificado XXIX – Primeira Fase**

A conduta de um juiz em certa comarca implicou violação a prerrogativas de advogados previstas na Lei n° 8.906/94, demandando representação administrativo disciplinar em face do magistrado. Considerando a hipótese narrada, de acordo com o Regulamento Geral do Estatuto da Advocacia e da OAB, assinale a afirmativa **correta**.

a) É competência dos presidentes do Conselho Federal, do Conselho Seccional ou da Subseção formularem a representação administrativa cabível. Em razão da natureza da autoridade e da providência, o ato não pode ser delegado a outro advogado.
b) É competência apenas dos presidentes do Conselho Federal ou do Conselho Seccional formularem a representação administrativa cabível. Todavia, pode ser designado outro advogado, investido de poderes bastantes, para o ato.
c) É competência apenas do presidente do Conselho Seccional formular a representação administrativa cabível. Em razão da natureza da autoridade e da providência, o ato não pode ser delegado a outro advogado.
d) É competência dos presidentes do Conselho Federal, do Conselho Seccional ou da Subseção formularem a representação administrativa cabível. Todavia, pode ser designado outro advogado, investido de poderes bastantes, para o ato.

RESPOSTA: LETRA D – Art. 15, *caput* e par. ún., do Regulamento Geral do Estatuto da Advocacia e da OAB.

- **Prova: FGV – 2019 – OAB – Exame de Ordem Unificado – XXVIII – Primeira Fase**

Em certo Estado da Federação X, há notícias fundadas acerca de irregularidades na Caixa de Assistência dos Advogados, em razão de malversação de receitas, gerando hipótese de intervenção.

Considerando a situação hipotética, assinale a afirmativa **correta**.

a) Quanto à receita destinada à Caixa de Assistência dos Advogados, cabe lhe metade da receita das anuidades recebidas pelo Conselho Seccional. Diante da notícia de malversação dos valores, a intervenção na Caixa de Assistência dos advogados é atribuição do Conselho Seccional do estado X.
b) Quanto à receita destinada à Caixa de Assistência dos Advogados, não lhe podem ser destinados valores decorrentes das anuidades recebidas pelo Conselho Seccional, mas apenas contribuições específicas. Diante da notícia de malversação dos valores, a intervenção na Caixa de Assistência dos advogados é atribuição do Conselho Federal da OAB.
c) Quanto à receita destinada à Caixa de Assistência dos Advogados, cabe lhe metade da receita das anuidades recebidas pelo Conselho Seccional. Diante da notícia de malversação dos valores, a intervenção na Caixa de Assistência dos advogados é atribuição do Conselho Federal da OAB.
d) Quanto à receita destinada à Caixa de Assistência dos Advogados, não lhe podem ser destinados valores decorrentes das anuidades recebidas pelo Conselho Seccional, mas apenas contribuições específicas. Diante da notícia de malversação dos valores, a intervenção na Caixa de Assistência dos advogados é atribuição do Conselho Seccional do estado X.

RESPOSTA: LETRA A – Arts. 62, §§ 5º e 7º, do Estatuto da Advocacia e da Ordem dos Advogados do Brasil, e 57 do Regulamento Geral.

- **Prova: FGV – 2018 – OAB – Exame de Ordem Unificado – XXVI – Primeira Fase**

O Conselho Seccional X pretende criar a subseção Z, que abrange três municípios. Estima-se que, na área territorial pretendida para a subseção Z, haveria cerca de cinquenta advogados profissionalmente domiciliados. O mesmo Conselho Seccional também pretende criar as subseções W e Y, de modo que W abrangeria a região norte e Y abrangeria a região sul de um mesmo município. Considerando o caso narrado, de acordo com o Estatuto da Advocacia e da OAB, assinale a afirmativa **correta**.

a) Não é autorizada, pelo Estatuto da Advocacia e da OAB, a criação da subseção Z com a área territorial pretendida. Quanto às subseções W e Y, poderão ser criadas se contarem, cada qual, com um número mínimo de cem advogados nela profissionalmente domiciliados.
b) Não é autorizada, pelo Estatuto da Advocacia e da OAB, a criação da subseção Z, em razão da área territorial pretendida. Quanto às subseções W e Y, poderão ser criadas se contarem, cada qual, com um número mínimo de quinze advogados nela profissionalmente domiciliados.
c) A criação da subseção Z, com a área territorial pretendida, é autorizada pelo Estatuto da Advocacia e da OAB. Da mesma forma, as subseções W e Y poderão ser criadas se contarem, cada qual, com um número mínimo de quinze advogados nelas profissionalmente domiciliados.
d) A criação da subseção Z, com a área territorial pretendida, é autorizada pelo Estatuto da Advocacia e da OAB. Já a criação das subseções W e Y, em razão da área territorial pretendida, não é autorizada pelo Estatuto da Advocacia e da OAB, independentemente do número de advogados nela profissionalmente domiciliados.

RESPOSTA: LETRA C – Art. 60, § 1º, do Estatuto da Advocacia e da Ordem dos Advogados do Brasil.

- **Prova: FGV – 2017 – OAB – Exame de Ordem Unificado – XXII – Primeira Fase**

O Conselho Seccional X da OAB criou dez subseções e uma Caixa de Assistência dos Advogados. Dentre as subseções, inclui-se a Subseção Y, cuja área territorial abrange um município. Considerando a hipótese narrada, analise as afirmativas a seguir e assinale a única **correta**.

a) O Conselho Seccional X é dotado de personalidade jurídica própria; já a Caixa de Assistência dos Advogados e a Subseção Y não possuem personalidade jurídica própria, caracterizando se como partes autônomas do Conselho Seccional X.
b) O Conselho Seccional X e a Caixa de Assistência dos Advogados são dotados de personalidade jurídica própria; já a Subseção Y não possui personalidade jurídica própria, caracterizando se como parte autônoma do Conselho Seccional X.
c) O Conselho Seccional X, a Caixa de Assistência dos Advogados e a Subseção Y não possuem personalidade jurídica própria. Trata-se de órgãos da Ordem dos Advogados do Brasil (OAB), a qual é dotada de personalidade jurídica.
d) O Conselho Seccional X, a Caixa de Assistência dos Advogados e a Subseção Y possuem, cada qual, personalidade jurídica própria.

RESPOSTA: LETRA B – Art. 45, §§ 2º, 3º e 4º, do Estatuto da Advocacia e da Ordem dos Advogados do Brasil.

- **Prova: FGV – 2017 – OAB – Exame de Ordem Unificado – XXII – Primeira Fase**

Em determinada subseção da OAB, constatou se grave violação à disciplina prevista na Lei nº 8.906/94, no que diz respeito ao exercício de suas atribuições de representar a OAB perante os poderes constituídos e de fazer valer as prerrogativas do advogado. Considerando a situação hipotética narrada, assinale a afirmativa **correta**.

a) Compete ao Conselho Federal da OAB intervir na aludida subseção mediante voto de dois terços de seus membros.
b) Compete ao Conselho Federal da OAB intervir na aludida subseção mediante decisão por maioria do Órgão Especial do Conselho Pleno.
c) Compete ao Conselho Seccional respectivo da OAB intervir na aludida subseção mediante decisão unânime de sua diretoria.
d) Compete ao Conselho Seccional respectivo da OAB intervir na aludida subseção mediante voto de dois terços de seus membros.

RESPOSTA: LETRA D – Art. 60, § 6º, do Estatuto da Advocacia e da Ordem dos Advogados do Brasil.

- **Prova: FGV – 2016 – OAB – Exame de Ordem Unificado – XIX – Primeira Fase**

As Subseções X e Y da OAB, ambas criadas pelo Conselho Seccional Z, reivindicam a competência para desempenhar certa atribuição. Não obstante, o Conselho Seccional Z defende que tal atribuição é de sua competência.

Caso instaurado um conflito de competência envolvendo as Subseções X e Y e outro envolvendo a Subseção X e o Conselho Seccional Z, assinale a opção que relaciona, respectivamente, os órgãos competentes para decidir os conflitos.

a) O conflito de competência entre as subseções deve ser decidido pelo Conselho Seccional Z, cabendo recurso ao Conselho Federal da OAB. Do mesmo modo, o conflito entre a Subseção X e o Conselho Seccional Z será decidido pelo Conselho Seccional Z, cabendo recurso ao Conselho Federal da OAB.
b) O conflito de competência entre as subseções deve ser decidido pelo Conselho Seccional Z, cabendo recurso ao Conselho Federal da OAB. Já o conflito entre a Subseção X e o Conselho Seccional Z será decidido, em única instância, pelo Conselho Federal da OAB.
c) Ambos os conflitos de competência serão decididos, em única instância, pelo Conselho Federal da OAB.
d) O conflito de competência entre as subseções deve ser decidido, em única instância, pelo Conselho Seccional Z. O conflito entre a Subseção X e o Conselho Seccional Z será decidido, em única instância, pelo Conselho Federal da OAB.

RESPOSTA: LETRA A – Art. 119 do Regulamento Geral do Estatuto da Advocacia e da Ordem dos Advogados do Brasil.

Os olhos do leitor são juízes mais difíceis do que os ouvidos do expectador.

François Marie Arouet de Voltaire

4

ELEIÇÕES NA ORDEM DOS ADVOGADOS DO BRASIL (ARTS. 63/67 DO ESTATUTO E ARTS. 128/ 137-C DO REGULAMENTO GERAL)

Quanto às eleições para órgãos de gestão da OAB – art. 45 do Estatuto da OAB –, objetivamente:

a) São eleições diretas (para o Conselho Seccional, a Subseção e a CAA) – todos os advogados em dia com a anuidade tem obrigação de votar (art. 63, § 1°) – mesmo para o advogado maior de 70 anos o voto será obrigatório;
b) O mandado é de três anos (arts. 65 do Estatuto e 114, § 2°, do Regulamento Geral);
c) A eleição para o Conselho Federal é indireta – votam apenas os Conselheiros Federais;
d) O voto é secreto e em chapas (não pessoas de forma individual);
e) Nas eleições diretas, o voto é obrigatório para todo advogado regularmente inscrito.

Dessa forma, os advogados votarão em chapas regularmente inscritas para o Conselho Seccional (Diretoria, Conselheiros Seccionais, Três Conselheiros Federais e Diretoria da CAA) e Subseção (Diretoria e Conselho da Subseção – este, se existir) – art. 64, §§ 1° e 2°, do Estatuto.

Repita-se: quando forem eleições diretas, o voto será OBRIGATÓRIO para os advogados regularmente inscritos – INSCRIÇÃO PRINCIPAL (não votar representa multa – 20% sobre o valor da anuidade.

O voto será FACULTATIVO para os advogados com INSCRIÇÃO SUPLEMENTAR (para votar, deve avisar com antecedência.

DICA OLHOS DE TIGRE:

São **PROIBIDOS DE VOTAR** os advogados na condição de **inadimplentes** (devendo anuidade) e os **estagiários** (inscritos na OAB – estagiário paga anuidade, mas não tem direito de votar).

IMPORTANTE!

A eleição no Conselho Federal é indireta; quem elegerá a diretoria são os Conselheiros Federais (os quais são em número de três e eleitos com a chapa do Conselho Seccional).

CUIDADO, CABEÇÃO!

O presidente do Conselho Federal não precisa ser Conselheiro Federal – art. 67, par. ún.

São requisitos para a candidatura (cargos de gestão na OAB) aqueles previstos nos arts. 63, § 2º, do Estatuto e 131, § 6º, do Regulamento Geral:

- situação regular perante a OAB (em dia com as anuidades);
- não ocupar cargo exonerável *ad nutum* (compreendido como sendo cargos ou funções em comissão, de livre nomeação e exoneração pelos poderes públicos – situação que, em tese, poderia refletir na independência do advogado);
- não ter sido condenado por infração disciplinar, salvo reabilitação;
- exercer efetivamente a profissão há mais de 3 (três) anos, nas eleições para os cargos de Conselheiro Seccional e das Subseções, quando houver, e há mais de 5 (cinco) anos, nas eleições para os demais cargos.

DICA OLHOS DE TIGRE:

O efetivo exercício da profissão (mais de três anos ou mais de cinco anos) é demonstrado com a participação anual mínima em cinco atos privativos da advocacia previstos no art. 1° do Estatuto (art. 5° do Regulamento Geral) – os documentos necessários para comprovar o efetivo exercício estão fixados no par. ún. do mesmo art. 5° do Regulamento Geral.

IMPORTANTE!

- Nas candidaturas, a partir do ano 2021, deverá ser respeitada as cotas raciais (negros e pardos) no percentual de 30% (aplicável para a composição das chapas nas eleições do Conselho Federal, das seccionais, subseções e Caixas de Assistência) e com validade para 10 eleições (ou seja, pelos próximos 30 anos).

IMPORTANTE!

São causas de extinção do mandato (art. 66 do Estatuto): cancelamento ou licenciamento da inscrição, condenação disciplinar e falta a três reuniões ordinárias consecutivas.

No caso de extinção do mandato, não existindo suplente, o Conselho Seccional escolhe o substituto (art. 66, par. ún., do Estatuto). Cabe a Diretoria declarar extinto o mandato (art. 54 do Regulamento Geral), devendo ser notificado o interessado para se manifestar no prazo de 15 dias (art. 54, § 1° do Regulamento Geral), salvo no caso de Morte ou Renúncia (quando será declarada a extinção sem necessidade de notificação).

◉ *Observações importantes quanto as Eleições na OAB*

O voto nas eleições da OAB é obrigatório?

Sim, o voto é obrigatório para todos os advogados inscritos na OAB e que estejam em dia com o pagamento das anuidades até 2017, sob pena de multa equivalente a 20% (vinte por cento) do valor da anuidade, conforme disposto no art. 63, § 1° do Estatuto da Advocacia e a Ordem dos Advogados do Brasil (EAOAB)

É obrigatório o voto para maior de 70 anos?

Sim. Em Sessão Plenária, o Conselho Federal entendeu que a norma do artigo 63, § 1° da Lei 8.906/94 (EAOAB), não foi relativizado pelo art. 14 da Constituição Federal.

Quem pode concorrer para cargos na OAB?

Conforme as regras do Provimento Nº 222/2023, mais especificamente o art. 11:

Art. 11. Somente integrará a chapa o(a) candidato(a) que atender, cumulativamente, aos seguintes requisitos:

I - seja advogado(a) regularmente inscrito(a) no respectivo Conselho Seccional, com inscrição principal ou suplementar;

II - esteja em dia com as anuidades na data do protocolo do requerimento de registro da chapa, considerando-se regular aquele(a) que parcelou seus débitos e esteja adimplente com a quitação das parcelas vencidas;

III - não ocupe cargos ou funções incompatíveis com a advocacia, referidos no art. 28 da Lei n. 8.906, de 1994 (EAOAB), em caráter permanente ou temporário, ressalvado o disposto no art. 83 da mesma lei;

IV - não ocupe cargo ou exerça função em comissão, de livre nomeação e exoneração pelos poderes públicos, ainda que compatíveis com o exercício da advocacia, não se aplicando este dispositivo ao(à) ocupante de cargo diretivo provido por meio de eleição ou de cargo jurídico provido mediante concurso em ente público;

V - não tenha sido condenado(a) em definitivo pela prática de qualquer infração da qual tenha resultado a aplicação de sanção disciplinar prevista no art. 35 da Lei n. 8.906, de 1994 (EAOAB), salvo se reabilitado(a) pela OAB, ou não tenha representação disciplinar em curso, já julgada procedente por órgão do Conselho Federal;

VI - exerça efetivamente a advocacia, há mais de 03 (três) anos, nas eleições para os cargos de Conselheiro(a) Seccional e da Subseção, quando houver, e há mais de 05 (cinco) anos, nas eleições para os demais cargos, excluído o período de estágio, sendo facultado à Comissão Eleitoral Seccional exigir a devida comprovação;

VII - não esteja em débito com a prestação de contas perante o Conselho Federal, na condição de dirigente de Conselho Seccional ou da Caixa de Assistência dos Advogados, responsável pelas referidas contas, ou não tenha tido prestação de contas reprovada, após apreciação do Conselho Federal, com trânsito em julgado, nos 08 (oito) anos seguintes;

VIII - com contas reprovadas, segundo o disposto na alínea "a" do inciso III do art. 8º do Provimento n. 216/2023-CFOAB, tenha ressarcido o dano apurado pelo Conselho Federal, sem prejuízo do cumprimento do prazo de 08 (oito) anos previsto no inciso VII deste artigo;

IX - não integre listas elaboradas pela OAB, com processo em tramitação, para provimento de cargos nos tribunais judiciais ou administrativos;

X - não tenha sido condenado(a) em representação eleitoral pela prática de violência política ou por divulgar ou compartilhar informação ou notícia que sabe ser falsa (fake news), mentiras sobre pessoas e acontecimentos, de forma a enganar de maneira efetiva e influenciar a opinião pública e, ainda, que possa modificar ou desvirtuar a verdade com relação ao processo eleitoral.

§ 1º O(a) candidato(a) comprovará sua adimplência perante a OAB, segundo o disposto no inciso II deste artigo, por meio da apresentação de certidão expedida pelo Conselho Seccional, podendo este requisito ser atendido, neste caso, com base em informações administrativas internas, oriundas da própria Instituição, mediante listagem atualizada pela Tesouraria da Seccional, com a subsequente certificação dos dados correspondentes pela Secretaria da Comissão Eleitoral Seccional, desde que esta regra, aplicável de forma isonômica a todos(as) os(as) candidatos(as) e chapas, seja fixada no edital de convocação da eleição ou por deliberação da referida comissão.

§ 2º Estando o(a) candidato(a) inscrito(a) em mais de uma Seccional, deve, ainda, quando da inscrição da chapa na qual concorrer, declarar, sob sua responsabilidade, sob as penas legais e sob pena de cassação de mandato, se já eleito(a), que se encontra adimplente com todas elas.

§ 3º O efetivo exercício da advocacia, segundo o disposto no inciso VI deste artigo, para fins de candidatura:

I - é o que antecede imediatamente a data da posse e deve ser comprovado de forma ininterrupta, admitida a soma de períodos descontínuos decorrentes do licenciamento previsto no art. 12 da Lei n. 8.906, de 1994 (EAOAB);

II - pode ser admitido por meio de autodeclaração do(a) candidato(a), sob sua responsabilidade e sob as penas legais, devendo esse requisito ser verificado, neste caso, com base em informações administrativas internas oriundas da própria Instituição, mediante listagem atualizada pela Tesouraria da Seccional, com a subsequente certificação dos dados correspondentes pela Secretaria da Comissão Eleitoral Seccional, desde que esta regra, aplicável de forma isonômica a todos(as) os(as) candidatos(as) e chapas, seja fixada no edital de convocação da eleição ou por deliberação da referida comissão.

§ 2º Estando o(a) candidato(a) inscrito(a) em mais de uma Seccional, deve, ainda, quando da inscrição da chapa na qual concorrer, declarar, sob sua responsabilidade, sob as penas legais e sob pena de cassação de mandato, se já eleito(a), que se encontra adimplente com todas elas.

§ 3º O efetivo exercício da advocacia, segundo o disposto no inciso VI deste artigo, para fins de candidatura:

I - é o que antecede imediatamente a data da posse e deve ser comprovado de forma ininterrupta, admitida a soma de períodos descontínuos decorrentes do licenciamento previsto no art. 12 da Lei n. 8.906, de 1994 (EAOAB);

II - pode ser admitido por meio de autodeclaração do(a) candidato(a), sob sua responsabilidade e sob as penas legais, devendo esse requisito ser verificado, neste caso, com base em informações administrativas internas oriundas da própria Instituição, mediante apresentação de listagem atualizada pela Secretaria do Conselho Seccional, com a subsequente certificação dos dados correspondentes pela secretaria da Comissão Eleitoral Seccional, desde que esta regra, aplicável de forma isonômica a todos(as) os(as) candidatos(as) e chapas, seja fixada no edital de convocação da eleição ou por deliberação da referida comissão;

III - pode ser computado com a inclusão do tempo de inscrição suplementar e de inscrição por transferência;

IV - é considerado ininterrupto diante do tempo de exercício, pelo(a) candidato(a), de mandato perante o Conselho Nacional de Justiça, o Conselho Nacional do Ministério Público, o Conselho Administrativo de Defesa Econômica (CADE) e as agências reguladoras.

§ 4º Os requisitos previstos nas alíneas VII e VIII deste artigo são comprovados mediante juntada de certidão expedida pelo Conselho Federal da OAB.

Qual o período do mandato?

3 anos, conforme art. 65 do EAOAB.

QUESTÕES PARA ESTUDO

- **Prova: FGV – 2016 – OAB – Exame de Ordem Unificado – XIX – Primeira Fase**

Os jovens Rodrigo, 30 anos, e Bibiana, 35 anos, devidamente inscritos em certa seccional da OAB, desejam candidatar-se, pela primeira vez, a cargos de diretoria do Conselho Seccional respectivo. Rodrigo está regularmente inscrito na referida seccional da OAB há seis anos, sendo dois anos como estagiário. Bibiana, por sua vez, exerceu regularmente a profissão por três anos, após a conclusão do curso de Direito. Contudo, afastou se por dois anos e retornou à advocacia há um ano. Ambos não exercem funções incompatíveis com a advocacia, ou cargos exoneráveis *ad nutum*. Tampouco integram listas para provimento de cargos em tribunais ou ostentam condenação por infração disciplinar. Bibiana e Rodrigo estão em dia com suas anuidades. Considerando a situação narrada, assinale a afirmativa correta.

a) Apenas Bibiana preenche as condições de elegibilidade para os cargos.
b) Apenas Rodrigo preenche as condições de elegibilidade para os cargos.
c) Bibiana e Rodrigo preenchem as condições de elegibilidade para os cargos.
d) Nenhum dos dois advogados preenche as condições de elegibilidade para os cargos.

RESPOSTA: LETRA D – Art. 63, § 2º, do Estatuto da Advocacia e da Ordem dos Advogados do Brasil.

- **Prova: ND – 2007 – OAB SC – Exame de Ordem – I – Primeira Fase**

Assinale a alternativa correspondente ao órgão que é escolhido mediante eleição indireta:

a) Diretoria do Conselho Seccional.
b) Conselho Federal.
c) Diretoria do Conselho Federal.
d) Diretoria da Caixa de Assistência dos Advogados.

RESPOSTA: LETRA C – Art. 53, § 3º, do Estatuto da Advocacia e da Ordem dos Advogados do Brasil.

Ninguém tem escolha: todos estão em marcha e todos os caminhos são bons. A arte de viver consiste, antes de mais nada, parece me, em não brigar consigo mesmo sobre a decisão que se tomou ou o ofício que se exerce.

Alain

5

INSCRIÇÃO NA ORDEM DOS ADVOGADOS DO BRASIL

Inicialmente, necessário recordar que a condição de advogado se adquire com a inscrição na OAB (e não com a aprovação no Exame da OAB – este é apenas um dos requisitos para postular a inscrição).

Desta forma, os requisitos para inscrição na OAB estão definidos no art. 8º do Estatuto:

- CAPACIDADE CIVIL;
- DIPLOMA / CERTIDÃO DE CONCLUSÃO;
- TÍTULO DE ELEITOR / SERVIÇO MILITAR;
- APROVAÇÃO NO EXAME DA OAB;
- NÃO EXERCÍCIO DE ATIVIDADE INCOMPATÍVEL;
- IDONEIDADE MORAL.

IMPORTANTE!

As atividades incompatíveis estão definidas no art. 28 do Estatuto (e geram a proibição absoluta do exercício da advocacia – e exatamente por isso não permitem o deferimento da inscrição).

O impedimento permite a inscrição, já que se trata apenas de uma limitação ao exercício da advocacia.

DICA OLHOS DE TIGRE:

A falta de idoneidade moral deve ser analisada pelo Conselho Seccional (por decisão de dois terços de seus membros), a fim de impedir a inscrição (sendo concedido ao interessado o direito ao contraditório) – art. 8º, § 3º.

Mais: a falta de idoneidade será identificada por meio de um incidente (o qual poderá ser instaurado de ofício), garantindo ao interessado o contraditório e a ampla defesa. Nesse sentido, Súm. nº 6 do Conselho Federal:

> INSCRIÇÃO. IDONEIDADE. Nos processos de inscrição, o Conselho competente poderá suscitar incidente de apuração de idoneidade, quando se tratar de pessoa que de forma grave ou reiterada tenha ofendido as prerrogativas da advocacia, assegurando se o contraditório e a ampla defesa.

CUIDADO, CABEÇÃO!

O Conselho Federal já definiu que a prática de violência contra a mulher, assim definida na Convenção Interamericana de Belém do Pará, constitui fator apto a demonstrar a ausência de idoneidade moral para a inscrição de bacharel em Direito nos quadros da OAB, independentemente da instância criminal (no entanto, cada Conselho Seccional tem liberdade de analisar, caso a caso, a idoneidade – ou sua ausência – para fins de deferimento ou indeferimento da inscrição):

Súmula nº 9/2019/COP: INIDONEIDADE MORAL. VIOLÊNCIA CONTRA A MULHER. ANÁLISE DO CONSELHO SECCIONAL DA OAB. Requisitos para a inscrição nos quadros da Ordem dos Advogados do Brasil. Inidoneidade moral. A prática de violência contra a mulher, assim definida na Convenção Interamericana para Prevenir, Punir e Erradicar a Violência contra a Mulher – Convenção de Belém do Pará (1994), constitui fator apto a demonstrar a ausência de idoneidade moral para a inscrição de bacharel em Direito nos quadros da OAB, independente da instância criminal, assegurado ao Conselho Seccional a análise de cada caso concreto.

Exatamente, na mesma linha no caso de violência contra crianças, adolescentes, idosos e pessoas com deficiência física e mental – Súm. nº 10 do Conselho Federal:

> INIDONEIDADE MORAL. VIOLÊNCIA CONTRA CRIANÇAS E ADOLESCENTES, IDOSOS E PESSOAS COM DEFICIÊNCIA FÍSICA OU MENTAL.

> ANÁLISE DO CONSELHO SECCIONAL DA OAB. Requisitos para a inscrição nos quadros da Ordem dos Advogados do Brasil. Inidoneidade moral. A prática de violência contra crianças e adolescentes, idosos e pessoas com deficiência física ou mental constitui fator apto a demonstrar a ausência de idoneidade moral para a inscrição de bacharel em Direito nos quadros da OAB, independente da instância criminal, assegurado ao Conselho Seccional a análise de cada caso concreto.

E, como não poderia deixar de ser, também está prevista a mesma orientação quando identificada, no postulante a advogado, pessoa que cometeu violência contra pessoa LGBTI+ (Sum. nº 11 do Conselho Federal):

> INIDONEIDADE MORAL. VIOLÊNCIA CONTRA PESSOA LGBTI+. ANÁLISE DO CONSELHO SECCIONAL DA OAB. Requisitos para a inscrição nos quadros da Ordem dos Advogados do Brasil. Inidoneidade moral. A prática de violência contra pessoas LGBTI+, em razão da Orientação Sexual, Identidade de Gênero e Expressão de Gênero, constitui fator apto a demonstrar a ausência de idoneidade moral para inscrição de bacharel em Direito nos quadros da OAB, independente da instância criminal, assegurado ao Conselho Seccional a análise do cada caso concreto.

◉ **OBSERVAÇÃO** – Deferida e autorizada a inscrição, o advogado somente receberá sua carteira profissional depois de PRESTAR COMPROMISSO PERANTE O CONSELHO SECCIONAL (juramento previsto no art. 20 do Regulamento Geral).

Tal compromisso é solene, formal e, principalmente, PERSONALÍSSIMO (ou seja, não pode ser feito por procuração).

5.1 DOMICÍLIO PROFISSIONAL

A inscrição deverá ser feita perante o Conselho Seccional onde o advogado exercerá a advocacia com HABITUALIDADE.

Será denominada **INSCRIÇÃO PRINCIPAL** – art. 10 do Estatuto.

Poderá o advogado, facultativamente, buscar inscrição em outro Conselho Seccional, a denominada **INSCRIÇÃO SUPLEMENTAR.**

CUIDADO, CABEÇÃO!

O advogado **deverá** possuir uma INSCRIÇÃO PRINCIPAL e **poderá** ter quantas inscrições suplementares ele quiser (sempre uma – e apenas uma – por Conselho Seccional).

IMPORTANTE!

a) Não será exigido um novo exame de ordem para cada inscrição suplementar;
b) Para cada inscrição (principal ou suplementar), haverá a incidência de uma anuidade (Ex.: dez inscrições, dez anuidades).

A inscrição principal autoriza e habilita o advogado a exercer a advocacia em qualquer Estado (ou Conselho Seccional).

DICA OLHOS DE TIGRE:

A inscrição suplementar será obrigatória em duas situações:

- **Primeira:** quando o advogado estiver atuando em mais de cinco causas em Conselho Seccional onde ele não tenha a inscrição principal (Ex.: advogado com inscrição principal no Rio Grande do Sul pode atuar – exercer a advocacia – em qualquer Estado; mas, se possuir mais de cinco ações em um Estado, deverá providenciar a inscrição suplementar naquele Conselho Seccional correspondente) – art. 10, § 2°, do Estatuto.
- **Segunda:** quando o advogado for sócio de SOCIEDADE DE ADVOGADOS, deverá obrigatoriamente possuir inscrição (principal ou suplementar) perante o Conselho Seccional onde a sociedade foi registrada.

CUIDADO, CABEÇÃO!

Para atuar nos Tribunais Superiores e nos TRFs, não haverá necessidade de inscrição suplementar.

DICA OLHOS DE TIGRE:

O art. 33, par. ún., do Regulamento Geral garantiu ao advogado travesti ou transexual o direito de utilização do nome social (aquele pelo qual ele é conhecido e reconhecido) na Carteira da OAB – o nome social deve ser inserido depois do nome, conforme o inc. III do art. 33 (Regulamento Geral).

IMPORTANTE!

Magistrados e representantes do Ministério Público não precisam prestar Exame da OAB para inscrição (devem apenas preencher os demais requisitos do art. 8° do Estatuto) (art. 6° do Provimento 144/2011 do Conselho Federal).

QUESTÕES PARA ESTUDO

- **Prova: FGV – 2018 – OAB – Exame de Ordem Unificado – XXVII – Primeira Fase**

Lúcio pretende se inscrever como advogado junto à OAB. Contudo, ocorre que ele passou por determinada situação conflituosa que foi intensamente divulgada na mídia, tendo sido publicado, em certos jornais, que Lúcio não teria idoneidade moral para o exercício das atividades de advogado. Considerando que Lúcio preenche, indubitavelmente, os demais requisitos para a inscrição, de acordo com o Estatuto da Advocacia e da OAB, assinale a afirmativa correta.

a) A inidoneidade moral apenas poderá ser suscitada junto à OAB por advogado inscrito e deve ser declarada por meio de decisão da diretoria do conselho competente, por maioria absoluta, em procedimento que observe os termos do processo disciplinar.

b) A inidoneidade moral poderá ser suscitada junto à OAB por qualquer pessoa e deve ser declarada por meio de decisão de, no mínimo, dois terços dos votos de todos os membros do conselho competente, em procedimento que observe os termos do processo disciplinar.

c) A inidoneidade moral apenas poderá ser suscitada junto à OAB por advogado inscrito e deve ser declarada por meio de decisão, por maioria absoluta, de todos os membros do conselho competente, em procedimento que observe os termos do processo disciplinar.

d) A inidoneidade moral poderá ser suscitada junto à OAB por qualquer pessoa e deve ser declarada por meio de decisão, por maioria simples, do Tribunal de Ética e Disciplina do conselho competente, em procedimento que observe os termos do processo disciplinar.

RESPOSTA: LETRA B – Art. 8º, § 3º, do Estatuto da Advocacia e da Ordem dos Advogados do Brasil.

- **Prova: FGV – 2017 – OAB – Exame de Ordem Unificado – XXIV – Primeira Fase**

O advogado Gennaro exerce suas atividades em sociedade de prestação de serviços de advocacia, sediada na capital paulista. Todas as demandas patrocinadas por Gennaro tramitam perante juízos com competência em São Paulo. Todavia, recentemente, a esposa de Gennaro obteve trabalho no Rio de Janeiro. Após buscarem a melhor solução, o casal resolveu que fixaria sua residência, com ânimo definitivo, na capital fluminense, cabendo a Gennaro continuar exercendo as mesmas funções no escritório de São Paulo. Nos dias em que não tem atividades profissionais, o advogado, valendo se da ponte área, retorna ao domicílio do casal no Rio de Janeiro.

Considerando o caso narrado, assinale a afirmativa **correta**.

a) O Estatuto da Advocacia e da OAB impõe que Gennaro requeira a transferência de sua inscrição principal como advogado para o Conselho Seccional do Rio de Janeiro.

b) O Estatuto da Advocacia e da OAB impõe que Gennaro requeira a inscrição suplementar como advogado junto ao Conselho Seccional do Rio de Janeiro.

c) O Estatuto da Advocacia e da OAB impõe que Gennaro requeira a inscrição suplementar como advogado junto ao Conselho Federal da OAB.

d) O Estatuto da Advocacia e da OAB não impõe que Gennaro requeira a transferência de sua inscrição principal ou requeira inscrição suplementar.

RESPOSTA: LETRA D – Art. 10, § 2º, do Estatuto da Advocacia e da Ordem dos Advogados do Brasil.

- **Prova: FGV – 2016 – OAB – Exame de Ordem Unificado – XIX – Primeira Fase**

Victor nasceu no Estado do Rio de Janeiro e formou se em Direito no Estado de São Paulo. Posteriormente, passou a residir, e pretende atuar profissionalmente como advogado, em Fortaleza, Ceará. Porém, em razão de seus contatos no Rio de Janeiro, foi convidado a intervir também em feitos judiciais em favor de clientes nesse Estado, cabendo lhe patrocinar seis causas no ano de 2015. Diante do exposto, assinale a opção **correta**.

a) A inscrição principal de Victor deve ser realizada no Conselho Seccional de São Paulo, já que a inscrição principal do advogado é feita no Conselho Seccional em cujo território se localize seu curso jurídico. Além da principal, Victor terá a faculdade de promover sua inscrição suplementar nos Conselhos Seccionais do Ceará e do Rio de Janeiro, onde pretende exercer a profissão.

b) A inscrição principal de Victor deve ser realizada no Conselho Seccional do Rio de Janeiro, pois o Estatuto da OAB determina que esta seja promovida no Conselho Seccional em cujo território o advogado exercer intervenção judicial que exceda três causas por ano. Além da principal, Victor poderá promover sua inscrição suplementar nos Conselhos Seccionais do Ceará e de São Paulo.

c) A inscrição principal de Victor deve ser realizada no Conselho Seccional do Ceará. Isso porque a inscrição principal do advogado deve ser feita no Conselho Seccional em cujo território pretende estabelecer o seu domicílio profissional. A promoção de inscrição suplementar no Conselho Seccional do Rio de Janeiro será facultativa, pois as intervenções judiciais pontuais, como as causas em que Victor atuará, não configuram habitualidade no exercício da profissão.

d) A inscrição principal de Victor deve ser realizada no Conselho Seccional do Ceará. Afinal, a inscrição principal do advogado deve ser feita no Conselho Seccional em cujo território ele pretende estabelecer o seu domicílio profissional. Além da principal, Victor deverá promover a inscrição suplementar no Conselho Seccional do Rio de Janeiro, já que esta é exigida diante de intervenção judicial que exceda cinco causas por ano.

RESPOSTA: LETRA D – Art. 10 do Estatuto da Advocacia e da Ordem dos Advogados do Brasil.

■ Prova: FGV – 2015 – OAB – Exame de Ordem Unificado – XVIII – Primeira Fase

Fernanda, estudante do 8° período de Direito, requereu inscrição junto à Seccional da OAB do estado onde reside. A inscrição foi indeferida, em razão de Fernanda ser serventuária do Tribunal de Justiça do estado. Fernanda recorreu da decisão, alegando que preenche todos os requisitos exigidos em lei para a inscrição de estagiário e que o exercício de cargo incompatível com a advocacia não impede a inscrição do estudante de Direito como estagiário. Merece ser revista a decisão que indeferiu a inscrição de estagiário de Fernanda?

a) Sim, pois Fernanda exerce cargo incompatível com a advocacia e não com a realização de estágio.
b) Não, pois as incompatibilidades previstas em lei para o exercício da advocacia também devem ser observadas quando do requerimento de inscrição de estagiário.
c) Sim, pois o cargo de serventuário do Tribunal de Justiça não é incompatível com a advocacia, menos ainda com a realização de estágio.
d) Não, pois apenas estudantes do último período do curso de Direito podem requerer inscrição como estagiários.

RESPOSTA: LETRA B – Arts. 8° e 9° do Estatuto da Advocacia e da Ordem dos Advogados do Brasil.

■ Prova: FGV – 2015 – OAB – Exame de Ordem Unificado – XVII – Primeira Fase

Patrícia foi aprovada em concurso público e tomou posse como Procuradora do Município em que reside. Como não pretendia mais exercer a advocacia privada, mas apenas atuar como Procuradora do Município, pediu o cancelamento de sua inscrição na OAB. A partir da hipótese apresentada, assinale a afirmativa **correta**.

a) Patrícia não agiu corretamente, pois os advogados públicos estão obrigados à inscrição na OAB para o exercício de suas atividades.
b) Patrícia não agiu corretamente, pois deveria ter requerido apenas o licenciamento do exercício da advocacia e não o cancelamento de sua inscrição.
c) Patrícia poderia ter pedido o licenciamento do exercício da advocacia, mas nada a impede de pedir o cancelamento de sua inscrição, caso não deseje mais exercer a advocacia privada.
d) Patrícia agiu corretamente, pois, uma vez que os advogados públicos não podem exercer a advocacia privada, estão obrigados a requerer o cancelamento de suas inscrições.

RESPOSTA: LETRA A – Art. 3° do Estatuto da Advocacia e da Ordem dos Advogados do Brasil.

A felicidade é como a gota de orvalho numa pétala de flor: brilha tranquila, depois, de leve, oscila, e cai, como uma lágrima de amor.
Antônio Carlos Brasileiro de Almeida Jobim

6

ESTAGIÁRIO

Para obter a inscrição como estagiário, devem ser obedecidos os requisitos do art. 9º do Estatuto, os quais são praticamente os mesmos exigidos para o advogado, salvo o diploma e o exame da OAB.

A inscrição do estagiário deverá ser feita no Conselho Seccional onde ser localize o seu curso jurídico (art. 9º, § 2º do Estatuto).

O estagiário com inscrição na OAB paga anuidade (mas não pode votar) e tem direito a praticar todos os atos privativos da advocacia, desde que em conjunto com o advogado (e sob a responsabilidade deste) – arts. 3º, § 2º, do Estatuto e 29 do Regulamento Geral.

De forma isolada, ou seja, sem a presença do advogado, o estagiário pode (art. 29, § 1º, do Regulamento Geral):

- Obter CARGA dos autos;
- Obter certidões;
- Obter petição de juntada (assinando sozinho).

Será permitido ao estagiário o exercício de atos extrajudiciais com autorização do advogado (art. 29, § 2º, do Regulamento Geral).

O advogado responde solidariamente pelos atos praticados pelo estagiário – art. 3º, § 2º, do Estatuto.

A condição de estagiário da OAB não pode superar três anos – dois anos mais uma prorrogação de um ano (art. 9º, § 3º, do Estatuto, c/c art. 35 do Regulamento Geral).

DICA OLHOS DE TIGRE: O Estagiário, para atuar no processo, deve ter poderes, ou seja, deve aparecer na procuração ou no substabelecimento.

CUIDADO, CABEÇÃO!

Estagiário não pode fazer publicidade (nem em conjunto com o advogado).

IMPORTANTE!

É permitido ao bacharel em direito buscar inscrição como estagiário, na forma do art. 9º, § 4º, do Estatuto e art. 30 do Regulamento Geral:

> **Art. 30.** O estágio profissional de advocacia, realizado integralmente fora da instituição de ensino, compreende as atividades fixadas em convênio entre o escritório de advocacia ou entidade que receba o estagiário e a OAB.

Interessante questão foi definida quanto ao uso de cartão de visita pelo estagiário:

> ESTAGIÁRIO – USO CARTÃO DE VISITA – VIABILIDADE – LIMITES. Em princípio, não será vedado ao estagiário de direito, regularmente inscrito na OAB, o uso de cartão de visita, o qual, ademais dos limites da discrição e moderação do CED (art. 28), deverá transmitir com verdade, sem azo a confusão, o *status* ou limitação profissional do portador. O cartão, no caso, deverá ter, como elementos dominantes, a menção ao escritório ou advogado patrono do estagiário e todos os elementos deverão apontar como mensagem principal ao escritório de advocacia ou do advogado onde presta estágio o candidato a advogado (...) (TED SP, Proc. E- 3.010/2004, rel. Ernesto Lopes Ramos, Rev. Fábio Kalil Vilela Leite, j. 21-10-2004).

Informações Importantes a respeito da condição de Estagiário

A RESOLUÇÃO Nº 002/2014 (art.4, Parágrafo primeiro) diz que o período entre o primeiro e o terceiro ano do curso jurídico não será considerado estágio profissional de advocacia;

Em caso de pandemia ou em outras situações excepcionais que impossibilitem as atividades presenciais, declaradas pelo poder público, o estágio profissional poderá ser realizado no regime de teletrabalho ou de trabalho a distância em sistema remoto ou não, por qualquer meio telemático, sem configurar vínculo de emprego a adoção de qualquer uma dessas modalidades (§ 5º ao art. 9º);

Se houver concessão, pela parte contratante ou conveniada, de equipamentos, sistemas e materiais ou reembolso de despesas de infraestrutura ou instalação, todos destinados a viabilizar a realização da atividade de estágio prevista no § 5º deste artigo, essa informação deverá constar, expressamente, do convênio de estágio e do termo de estágio (§ 6º ao art. 9º);

Se houver concessão, pela parte contratante ou conveniada, de equipamentos, sistemas e materiais ou reembolso de despesas de infraestrutura ou instalação, todos destinados a viabilizar a realização da atividade de estágio prevista no § 5º deste artigo, essa informação deverá constar, expressamente, do convênio de estágio e do termo de estágio (Art. 9º, § 6º).

QUESTÕES PARA ESTUDO

- **Prova: FGV – 2019 – OAB – Exame de Ordem Unificado XXIX – Primeira Fase**

Júnior é bacharel em Direito. Formou se no curso jurídico há seis meses e não prestou, ainda, o Exame de Ordem para sua inscrição como advogado, embora pretenda fazê-lo em breve. Por ora, Júnior é inscrito junto à OAB como estagiário e exerce estágio profissional de advocacia em certo escritório credenciado pela OAB, há um ano. Nesse exercício, poucas semanas atrás, juntamente com o advogado José dos Santos, devidamente inscrito como tal, prestou consultoria jurídica sobre determinado tema, solicitada por um cliente do escritório. Os atos foram assinados por ambos. Todavia, o cliente sentiu se lesado nessa consultoria, alegando culpa grave na sua elaboração. Considerando o caso hipotético, bem como a disciplina do Estatuto da Advocacia e da OAB, assinale a opção **correta**.

a) Júnior não poderia atuar como estagiário e deverá responder em âmbito disciplinar por essa atuação indevida. Já a responsabilidade pelo conteúdo da atuação na atividade de consultoria praticada é de José.
b) Júnior não poderia atuar como estagiário e deverá responder em âmbito disciplinar por essa atuação indevida. Já a responsabilidade pelo conteúdo da atuação na atividade de consultoria praticada é solidária entre Júnior e José.
c) Júnior poderia atuar como estagiário. Já a responsabilidade pelo conteúdo da atuação na atividade de consultoria praticada é solidária entre Júnior e José.
d) Júnior poderia atuar como estagiário. Já a responsabilidade pelo conteúdo da atuação na atividade de consultoria praticada é de José.

RESPOSTA: LETRA D – Art. 29, § 1º, do Regulamento Geral do Estatuto da Advocacia e da Ordem dos Advogados do Brasil.

- **Prova: FGV – 2017 – OAB – Exame de Ordem Unificado – XXIII – Primeira Fase**

Diogo é estudante de Direito com elevado desempenho acadêmico. Ao ingressar nos últimos anos do curso, ele é convidado por um ex-professor para estagiar em seu escritório. Inscrito nos quadros de estagiários da OAB e demonstrando alta capacidade, Diogo ganha a confiança dos sócios do escritório e passa a, isoladamente e sob a responsabilidade do advogado, retirar e devolver autos em cartório, assinando a respectiva carga; visar atos constitutivos de sociedades para que sejam admitidos a registro; obter junto a escrivães e chefes de secretaria certidões de peças ou autos de processos em curso ou findos; assinar petições de juntada de documentos a processos judiciais ou administrativos; e subscrever embargos de declaração opostos em face de decisões judiciais. Considerando as diversas atividades desempenhadas por Diogo, isoladamente e sob a responsabilidade do advogado, de acordo com o Estatuto e Regulamento da OAB, ele pode

a) retirar e devolver autos em cartório, assinando a respectiva carga, bem como visar atos constitutivos de sociedades, para que sejam admitidos a registro.
b) obter, junto a escrivães e chefes de secretaria, certidões de peças ou autos de processos em curso ou findos, bem como assinar petições de juntada de documentos a processos judiciais ou administrativos.
c) obter, junto a escrivães e chefes de secretaria, certidões de peças ou autos de processos findos, mas não de processos em curso, bem como subscrever embargos de declaração opostos em face de decisões judiciais.
d) assinar petições de juntada de documentos a processos judiciais, mas não a processos administrativos, nem subscrever embargos de declaração opostos em face de decisões judiciais.

RESPOSTA: LETRA B – Art. 29, § 1º, incs. I, II e III, do Regulamento Geral do Estatuto da Advocacia e da Ordem dos Advogados do Brasil.

- **Prova: FGV – 2013 – OAB – Exame de Ordem Unificado – XI – Primeira Fase**

Ferrari é aluno destacado no curso de Direito, tendo, no decorrer dos anos, conseguido vários títulos universitários, dentre eles, medalhas e certificados. Indicado para representar a Universidade em que estudou, foi premiado em evento internacional sobre arbitragem. A repercussão desse fato aumentou seu prestígio e, por isso, recebeu numerosos convites para trabalhar em diversos escritórios de advocacia. Aceito o convite de um deles, passou a redigir minutas de contratos, sempre com supervisão de um advogado. Após um ano de estágio, conquistou a confiança dos advogados do seu setor e passou a ter autonomia cada vez maior. Diante dessas circunstâncias, passou a chancelar contratos sem a interferência de advogado.

Nos termos do Estatuto da Advocacia, o estagiário deve atuar

a) autonomamente, após um ano de estágio.
b) conjuntamente com um advogado, em todos os atos da advocacia.
c) autonomamente, em alguns atos permitidos pelo advogado.
d) vinculado ao advogado em atos judiciais, mas não em atos contratuais.

RESPOSTA: LETRA B – Art. 3º do Estatuto da Advocacia e da Ordem dos Advogados do Brasil.

É pelo contacto dos fatos, das coisas, dos homens,
que nós aprendemos todos os dias, melhoramos,
e todos os dias, reformamos as nossas ideias.

Rui Barbosa

7

LICENCIAMENTO DA INSCRIÇÃO (ART. 12 DO ESTATUTO)

Licenciamento é forma de INTERRUPÇÃO TEMPORÁRIA DA INSCRIÇÃO.

O advogado licenciado não perde o número (tampouco sua inscrição é cancelada).

É uma forma de o advogado suspender sua capacidade postulatória – durante o período de licenciamento, ele não pode advogar (nem paga a anuidade).

HIPÓTESES DE LICENCIAMENTO (incisos do art. 12 do Estatuto):

- REQUERIMENTO JUSTIFICADO;
- EXERCÍCIO – TEMPORÁRIO – ATIVIDADE INCOMPATÍVEL;
- DOENÇA MENTAL CURÁVEL.

Quanto ao pagamento da anuidade do advogado licenciado, importante ressaltar a Súm. nº 3/2012/COP, com o seguinte enunciado:

> ADVOGADO. OAB. PAGAMENTO DE ANUIDADES. OBRIGATORIEDADE. SUSPENSÃO. LICENÇA. I – É obrigatório o pagamento de anuidades pelo advogado suspenso temporariamente de suas atividades profissionais. **II – O advogado regularmente licenciado do exercício profissional não está sujeito ao pagamento das anuidades**, sendo, contudo, obrigatória sua manifestação expressa de opção nesse sentido, presumindo se, com a ausência de requerimento correspondente, que pretende fazer jus aos benefícios proporcionados pela OAB, com a manutenção da obrigatoriedade do respectivo recolhimento. (grifos nossos)

IMPORTANTE!

São nulos os atos praticados por advogado licenciado – art. 4ª, PU do Estatuto.

8

CANCELAMENTO DA INSCRIÇÃO (ART. 11 DO ESTATUTO)

Configura INTERRUPÇÃO DEFINITIVA do exercício da advocacia. Com o cancelamento, a pessoa deixa de ser advogado, perdendo sua capacidade postulatória.

Pode acontecer em cinco hipóteses (incs. do art. 11 do Estatuto):

- A pedido (PERSONALÍSSIMO) – não precisa ser fundamentado, mas deve ser assinado pelo advogado postulante;
- EXCLUSÃO (pena mais grave do Estatuto) – a punição com a exclusão gerará o cancelamento da inscrição;
- O exercício de atividade incompatível (forma definitiva);

CUIDADO, CABEÇÃO!

Importante recordar que, se já é incompatível no ato da inscrição, haverá o indeferimento dela (art. 8° do Estatuto).

- Perda dos requisitos da inscrição (art. 8° do Estatuto);
- Falecimento do advogado.

DICA OLHOS DE TIGRE:

O advogado que teve sua inscrição cancelada poderá requerer nova inscrição, submetendo se aos requisitos legais (mas não precisará fazer novo Exame da OAB – bastará provar que já foi aprovada anteriormente).

CUIDADO, CABEÇÃO!

A aplicação por três vezes da pena de suspensão gerará a pena de exclusão – e, gerando a exclusão, esta acarretará o cancelamento da inscrição – art. 22, par. ún., do Regulamento Geral.

A gente vai contra a corrente até não poder resistir, na volta do barco é que sente o quanto deixou de cumprir. Faz tempo que a gente cultiva a mais linda roseira que há, mas eis que chega a roda viva e carrega a roseira pra lá.

Chico Buarque

9

ADVOGADO EMPREGADO (ARTS. 18 A 21 DO ESTATUTO E ARTS. 11 A 14 DO REGULAMENTO GERAL)

É um profissional assalariado, mas essa relação de emprego não pode retirar sua independência profissional.

◉ **OBSERVAÇÃO:** Serão remuneradas como extraordinárias as horas trabalhadas que excederem a jornada normal de oito horas diárias.

DICA OLHOS DE TIGRE:

O advogado empregado ***DE SOCIEDADE DE ADVOGADOS*** *tem direito aos honorários de sucumbência – todavia, deverá acertar com o empregador a forma de partilha de tais honorários – art. 21, par. ún., do Estatuto.*

CUIDADO, CABEÇÃO!

Será considerado período de trabalho o tempo que o advogado estiver à disposição do empregador – art. 20, § 1°, do Estatuto (e as horas extraordinárias serão remuneradas no percentual de 100% – art. 20, § 2°, do Estatuto).

IMPORTANTE!

Horário noturno será o período entre vinte horas de um dia até as cinco horas do dia seguinte (com adicional de 25%) – art. 20, § 3°, do Estatuto.

DICA OLHOS DE TIGRE:

O advogado empregado DE EMPRESAS (não sendo o empregador sociedade de advogados) tem direito a honorários de sucumbência (são do advogado). Poderão, no entanto, advogado e empregador, estabelecer forma diferente de destino aos honorários, mediante acordo, inclusive poderá o advogado abrir mão dos honorários (se nada acertarem, os honorários de sucumbência serão do advogado).

CUIDADO, CABEÇÃO!

Os honorários de sucumbência não integram o salário ou a remuneração, não podendo, assim, ser considerados para efeitos trabalhistas ou previdenciários – art. 14 do Regulamento Geral.

IMPORTANTE!

O advogado empregado não está obrigado à prestação de serviços profissionais de interesse pessoal dos empregadores, fora da relação de emprego.

As atividades do advogado empregado podem ser prestadas de maneira presencial, híbrida (mista) ou remota (não presencial), a depender de acordo individual entre trabalhador e empregador, que poderá, inclusive, prever a transição entre os mencionados regimes de prestação laboral.

9.1 INCLUSÕES E ALTERAÇÕES NO ESTATUTO – LEI 14.365/ 2022 – COMENTÁRIOS

⦿ JORNADA DE TRABALHO DO ADVOGADO EMPREGADO

A jornada de trabalho do advogado empregado, quando prestar serviço para empresas, não poderá exceder a duração diária de 8 (oito) horas contínuas e a de 40 (quarenta) horas semanais.

⦿ BANCO DE HORAS

O Estatuto nada diz sobre banco de horas, por isso entendo que há essa possibilidade, sendo que as horas extras laboradas em determinado período possam ser descansadas em outro, por meio do banco de horas.

IMPORTANTE!

As normas trabalhistas que dispõem sobre outros direitos que não incompatíveis com aqueles estabelecidos nas normas específicas, devem ser aplicadas (exemplos: caso dos preceitos sobre ergonomia, saúde do trabalhador, férias + terço constitucional, décimo terceiro, FGTS, intervalo intrajornada).

QUESTÃO PARA ESTUDO

- **Prova: FGV – 2012 – OAB – Exame de Ordem Unificado – VI – Primeira Fase**

Mévio é advogado empregado de empresa de grande porte atuando como diretor jurídico e tendo vários colegas vinculados à sua direção. Instado por um dos diretores, escala um dos seus advogados para atuar em processo judicial litigioso, no interesse de uma das filhas do referido diretor. À luz das normas estatutárias, é **correto** afirmar que

a) a defesa dos interesses dos familiares dos dirigentes da empresa está ínsita na atuação profissional do advogado empregado.
b) a atuação do advogado empregado nesses casos pode ocorrer voluntariamente, sem relação com o seu emprego.
c) a relação de emprego retira do advogado sua independência profissional, pois deve defender os interesses do patrão.
d) em casos de dedicação exclusiva, a jornada de trabalho máxima do advogado será de quatro horas diárias e de vinte horas semanais.

RESPOSTA: LETRA B – Art. 18, par. ún., do Estatuto da Advocacia e da Ordem dos Advogados do Brasil.

Quer se trate de um indivíduo, de uma sociedade ou de um planeta, é sempre por meio de transições insensíveis que se opera a sua transformação.
Antes de atingirem as formas extremas, as coisas devem passar por toda série de formas intermediárias.

Gustave Le Bon

10

ADVOGADO ESTRANGEIRO

(ART. 8º, § 2º DO ESTATUTO)

O art. 8º, § 2º da Lei 8.906/94 (Estatuto da Advocacia) prevê que o estrangeiro não graduado no Brasil que pretende aqui, atuar, deverá preencher os seguintes requisitos:

1. Revalidar o título de bacharel em Direito obtido em instituição estrangeira;
2. Possuir Capacidade Civil;
3. Aprovação em Exame de Ordem;
4. Não exercer atividade incompatível com a advocacia;
5. Idoneidade moral;
6. Prestar compromisso perante o Conselho.

Ou seja, a pessoa formada em Direito em outro país pode inscrever-se na OAB suprindo exatamente os mesmos requisitos daquele que se formou no Brasil – todavia vai ser exigido deste interessado com Diploma oriundo de outro país a revalidação de seu diploma (Estatuto, art. 8º, § 2º) – e, esta revalidação é um procedimento administrativo que não é realizado pela OAB.

A revalidação de diplomas de graduação será de competência de universidades públicas (que ministrem curso de graduação reconhecido na mesma área de conhecimento ou em área afim – Portaria Normativa do MEC 22/2016 do MEC).

10.1 REQUISITOS PARA CADASTRO COMO CONSULTOR EM DIREITO ESTRANGEIRO

Os advogados estrangeiros podem optar por se cadastrarem como consultores em direito estrangeiro de seu país de origem.

O Provimento n° 91/2000 da OAB regulamenta e estabelece os requisitos para a obtenção de autorização por advogado estrangeiro, para prestar serviço de consultoria em direito estrangeiro.

Esta autorização é concedida a título precário – ou seja, deverá ser renovada a cada três anos, com a atualização da documentação pertinente.

10.2 INSCRIÇÃO DE ADVOGADOS DE NACIONALIDADE PORTUGUESA NA ORDEM DOS ADVOGADOS DO BRASIL

Advogados portugueses que desejem atuar no Brasil poderão requerer o seu cadastro na Ordem dos Advogados do Brasil, desde que possua situação regular na Ordem dos Advogados Portugueses.

> **IMPORTANTE!**
>
> Não é necessário, para tais advogados, a realização de prova de Exame de Ordem – aliás, vale recordar, também é dispensada a revalidação do seu diploma de bacharel em Direito, conforme prevê o art. 1° do provimento OAB 129/2008.

O art. 5° do provimento OAB n° 129/2008 elenca os documentos a serem apresentados no ato de requerimento da inscrição do advogado português nos quadros da Ordem dos Advogados do Brasil.

> **CUIDADO, CABEÇÃO!**
>
> Conforme o Prov. n° 129/2008 – Tratado de Reciprocidade –, podem advogados portugueses exercer advocacia no Brasil, bem como advogados brasileiros advogar em Portugal.

Agora os ouvidos dos meus ouvidos acordaram
e os olhos dos meus olhos se abriram.

E. E. Cummings

11

SOCIEDADE DE ADVOGADOS

(ARTS. 15 A 17 DO ESTATUTO E ARTS. 37 A 43 DO REGULAMENTO GERAL)

Pessoa jurídica, formada única e exclusivamente por advogados (seus sócios), com o objetivo de atuar em atividades privativas da advocacia (arts. 15 e 16 do Estatuto e 37 do Regulamento Geral).

O nome da sociedade de advogados deve respeitar a regra do art. 38 do Regulamento Geral, podendo constar e ser incluído o nome social do advogado.

CUIDADO, CABEÇÃO!

Adquire personalidade jurídica (passa a ser titular de direitos e obrigações) com o registro de seus atos constitutivos no Conselho Seccional competente (não é registrada na Junta Comercial ou em outro Cartório Extrajudicial) – arts. 15, § 1º, e 16, § 3º, ambos do Estatuto.

O sócio deve ter inscrição (principal ou suplementar) no Conselho Seccional onde a Sociedade de advogados foi registrada (art. 15, § 5º, do Estatuto).

CUIDADO, CABEÇÃO!

A sociedade de advogados pode ter filial, desde de que seja em outro Conselho Seccional (não poderá a sociedade ter filial no mesmo Conselho Seccional onde está a sociedade registrada).

DICA OLHOS DE TIGRE:

O advogado somente pode ser sócio de uma sociedade de advogados por Conselho Seccional – art. 15, § 4º, do Estatuto.

Vale recordar que é possível a criação de sociedade de advogados unipessoal – com apenas um sócio (arts. 15 e 16, § 4º, do Estatuto e 37 do Regulamento Geral).

CUIDADO, CABEÇÃO!

O nome do sócio que falecer somente pode ser mantido na sociedade se houver menção (autorização) expressa no Contrato Social – art. 16, § 1º, do Estatuto e art. 38 do Regulamento Geral.

Quando ocorrer o licenciamento do sócio, tal informação deverá ser averbada no Conselho Seccional (no qual está registrada a sociedade – art. 16, § 2º, do Estatuto).

DICA OLHOS DE TIGRE:

A responsabilidade dos sócios da sociedade de advogados, em relação a danos suportados pelo cliente, é SUBSIDIÁRIA e ILIMITADA (arts. 17 do Estatuto e 40 do Regulamento Geral).

IMPORTANTE!

Sem gerar a criação de uma Sociedade de Advogados ou relação de emprego, pode ser criado o Contrato de Associação (entre sociedades ou entre sociedades e advogados – Provimento 169/2015 do Conselho Federal), com objetivo de atuação em serviços específicos e remuneração fixada na participação dos resultados (art. 39 do Regulamento Geral) – tal contrato deverá ser levado à averbação no registro da sociedade (art. 39, par. ún., do Regulamento Geral).

11.1 INCLUSÕES E ALTERAÇÕES NO ESTATUTO – LEI 14.365/2022 – COMENTÁRIOS

Importante ficar atento nas seguintes situações:

Nas sociedades de advogados, a escolha do sócio-administrador poderá recair sobre advogado que atue como servidor da administração direta, indireta e fundacional, desde que não esteja sujeito ao regime de dedicação exclusiva;

A sociedade de advogados e a sociedade unipessoal de advocacia deverão recolher seus tributos sobre a parcela da receita que efetivamente lhes couber, com a exclusão da receita que for transferida a outros advogados ou a sociedades que atuem em forma de parceria para o atendimento do cliente.

Essa situação tem o intuito admitir que, mesmo que a sociedade de advogados receba honorários de outros advogados que com ela tenham firmado parceria (e tenha ocorrido transferência de valores em decorrência dessa parceria), a sociedade de advogados não precisa recolher tributo sobre esta parcela de receita que não teve nela, sociedade, seu destino final (pois foi repassada ao parceiro).

Ou seja, recolherá tributos apenas e tão somente sobre a parcela que efetivamente lhe couber.

c) Cabem ao Conselho Federal da OAB a fiscalização, o acompanhamento e a definição de parâmetros e de diretrizes da relação jurídica mantida entre advogados e sociedades de advogados ou entre escritório de advogados sócios e advogado associado, inclusive no que se refere ao cumprimento dos requisitos norteadores da associação sem vínculo empregatício autorizada expressamente neste artigo).

d) A sociedade de advogados e a sociedade unipessoal de advocacia podem ter como sede, filial ou local de trabalho espaço de uso individual ou compartilhado com outros escritórios de advocacia ou empresas, desde que respeitadas as hipóteses de sigilo;

e) O impedimento ou a incompatibilidade em caráter temporário do advogado não o exclui da sociedade de advogados à qual pertença e deve ser averbado no registro da sociedade - é proibida, em qualquer hipótese, a exploração de seu nome e de sua imagem em favor da sociedade.

⦿ ADVOGADO ASSOCIADO – art. 17-A do Estatuto

O advogado podo ***associar-se*** *a uma ou mais sociedades de advogados ou a sociedades unipessoais de advocacia, sem vínculo empregatício, para prestação de serviços e participação nos resultados.*

Ou seja, tem uma relação sem vínculo empregatício e sem ser sócio de uma sociedade de advogados – dessa foram, para ela (a sociedade) presta serviço e participa limitadamente dos seus resultados.

Em resumo:

O advogado associado não se confunde com o advogado empregado das sociedades de advogados – e também não se confunde com sócio da sociedade.

IMPORTANTE!

a) não será admitida a averbação do contrato de associação que contenha, em conjunto, os elementos caracterizadores de relação de emprego previstos na Consolidação das Leis Trabalhistas (CLT);

b) A associação de que trata o art. 17-A dar-se-á por meio de pactuação de contrato próprio, que poderá ser de caráter geral ou restringir-se a determinada causa ou trabalho e que deverá ser registrado no Conselho Seccional da OAB em cuja base territorial tiver sede a sociedade de advogados que dele tomar parte.

Veja-se: o dispositivo legal exige a "pactuação de contrato próprio" para a associação de advogado, podendo ser de caráter geral ou específico a determinada causa, a ser registrado no respectivo Conselho Seccional da OAB.

CUIDADO, CABEÇÃO!

O conteúdo (cláusulas) obrigatório do Contrato de Associação:

No contrato de associação, o advogado sócio ou associado e a sociedade pactuarão as condições para o desempenho da atividade advocatícia e *estipularão livremente os critérios para a partilha dos resultados dela decorrentes, devendo o contrato conter, no mínimo:*

I – qualificação das partes, com referência expressa à inscrição no Conselho Seccional da OAB competente;

II – especificação e delimitação do serviço a ser prestado;

III – forma de repartição dos riscos e das receitas entre as partes, vedada a atribuição da totalidade dos riscos ou das receitas exclusivamente a uma delas;

IV – responsabilidade pelo fornecimento de condições materiais e pelo custeio das despesas necessárias à execução dos serviços;

V – prazo de duração do contrato

DICA OLHOS DE TIGRE: *Não existe limites de associação; o advogado pode, então, associar-se há mais de uma sociedade dentro do mesmo Conselho Seccional.*

QUESTÕES PARA ESTUDO

- **Prova: FGV – 2019 – OAB – Exame de Ordem Unificado – XXIX – Primeira Fase**

A Sociedade de Advogados X pretende associar-se aos advogados João e Maria, que não a integrariam como sócios, mas teriam participação nos honorários a serem recebidos. Sobre a pretensão da Sociedade de Advogados X, de acordo com o disposto no Regulamento Geral do Estatuto da Advocacia e da OAB, assinale a afirmativa **correta**.

a) É autorizada, contudo deve haver formalização em contrato averbado no registro da Sociedade de Advogados. A associação pretendida deverá implicar necessariamente vínculo empregatício.
b) É autorizada, contudo deve haver formalização em contrato averbado no registro da Sociedade de Advogados. A associação pretendida não implicará vínculo empregatício.
c) É autorizada, independentemente de averbação no registro da Sociedade. A associação pretendida não implicará vínculo empregatício.
d) Não é autorizada, pois os advogados João e Maria passariam a integrar a Sociedade X como sócios, mediante alteração no registro da sociedade.

RESPOSTA: LETRA B – Art. 39, *caput* e par. ún., do Regulamento Geral da OAB.

- **Prova: FGV – 2018 – OAB – Exame de Ordem Unificado – XXVII – Primeira Fase**

Ricardo Silva, Carlos Santos e Raul Azevedo são advogados e constituem a sociedade Silva, Santos e Azevedo Sociedade de Advogados, para exercício conjunto da profissão. A sociedade consolida-se como referência de atuação em determinado ramo do Direito. Anos depois, Carlos Santos falece e seus ex-sócios pretendem manter seu sobrenome na sociedade. Sobre a manutenção do sobrenome de Carlos Santos na sociedade, de acordo com o Estatuto e com o Regulamento Geral da OAB, assinale a afirmativa **correta**.

a) É permitida, desde que expressamente autorizada por seus herdeiros.
b) É vedada, pois da razão social não pode constar o nome de advogado falecido.
c) É permitida, desde que prevista tal possibilidade no ato constitutivo da sociedade ou na alteração contratual em vigor.
d) É permitida, independentemente da previsão no ato constitutivo ou na alteração contratual em vigor, ou de autorização dos herdeiros, desde que autorizada pelo Conselho da respectiva Seccional.

RESPOSTA: LETRA C – Art. 16, § 1º, do Estatuto da Advocacia e da Ordem dos Advogados do Brasil.

- **Prova: FGV – 2018 – OAB – Exame de Ordem Unificado – XXVI – Primeira Fase**

O advogado Pasquale integra a sociedade de advogados X, juntamente com três sócios. Todavia, as suas funções na aludida sociedade apenas ocupam parte de sua carga horária semanal disponível. Por isso, a fim de ocupar o tempo livre, o advogado estuda duas propostas: de um lado, pensa em criar, paralelamente, uma sociedade unipessoal de advocacia; de outro, estuda aceitar a oferta, proposta pela sociedade de advogados Y, de integrar seus quadros. Considerando que todas as pessoas jurídicas mencionadas teriam sede na mesma área territorial de um Conselho Seccional da OAB, assinale a afirmativa **correta**.

a) É permitido que Pasquale integre simultaneamente a sociedade de advogados X e a sociedade de advogados Y. Todavia, não é autorizado que integre simultaneamente a sociedade de advogados X e a sociedade unipessoal de advocacia.
b) É permitido que Pasquale integre simultaneamente a sociedade de advogados X e a sociedade unipessoal de advocacia. Todavia, não é autorizado que integre simultaneamente a sociedade de advogados X e a sociedade de advogados Y.
c) Não é permitido que Pasquale integre simultaneamente a sociedade de advogados X e a sociedade de advogados Y. Tampouco é autorizado que integre simultaneamente a sociedade de advogados X e a sociedade unipessoal de advocacia.
d) É permitido que Pasquale integre simultaneamente a sociedade de advogados X e a sociedade de advogados Y. Também é autorizado que integre simultaneamente a sociedade de advogados X e a sociedade unipessoal de advocacia.

RESPOSTA: LETRA C – Art. 15, § 4º, do Estatuto da Advocacia e da Ordem dos Advogados do Brasil.

- **Prova: FGV – 2017 – OAB – Exame de Ordem Unificado – XXIII – Primeira Fase**

Miguel, advogado, sempre exerceu a atividade sozinho. Não obstante, passou a pesquisar sobre a possibilidade de constituir, individualmente, pessoa jurídica para a prestação de seus serviços de advocacia. Sobre o tema, assinale a afirmativa **correta**.

a) Miguel poderá constituir a pessoa jurídica pretendida, mediante registro dos seus atos constitutivos no Conselho Seccional da OAB em cuja base territorial tiver sede, com denominação formada pelo nome do titular, seguida da expressão “Sociedade Individual de Advocacia”.
b) Miguel não poderá constituir a pessoa jurídica pretendida, uma vez que o ordenamento jurídico brasileiro não admite a figura da sociedade unipessoal, ressalvados apenas os casos de unipessoalidade temporária e da chamada subsidiária integral.

c) Miguel poderá constituir a pessoa jurídica pretendida mediante registro dos seus atos constitutivos no Conselho Seccional da OAB, com denominação formada pelo nome do titular, seguida da expressão "EIRELI".

d) Miguel poderá constituir a pessoa jurídica pretendida mediante registro dos seus atos constitutivos no Registro Civil de Pessoas Jurídicas, com denominação formada pelo nome do titular, seguida da expressão "EIRELI".

RESPOSTA: LETRA A – Art. 15, § 1º, do Estatuto da Advocacia e da Ordem dos Advogados do Brasil.

- **Prova: FGV – 2015 – OAB – Exame de Ordem Unificado – XVIII – Primeira Fase**

Gabriela é sócia de uma sociedade de advogados, tendo, no exercício de suas atividades profissionais, representado judicialmente Júlia. Entretanto, Gabriela, agindo com culpa, deixou de praticar ato imprescindível à defesa de Júlia em processo judicial, acarretando lhe danos materiais e morais. Em uma eventual demanda proposta por Júlia, a fim de ver ressarcidos os danos sofridos, deve-se considerar que

a) Gabriela e a sociedade de advogados não podem ser responsabilizadas civilmente pelos danos, pois, no exercício profissional, o advogado apenas responde pelos atos que pratica mediante dolo, compreendido por meio do binômio consciência e vontade.

b) a sociedade de advogados não pode ser responsabilizada civilmente pelos atos ou omissões praticados pessoalmente por Gabriela. Assim, apenas a advogada responderá pela sua omissão decorrente de culpa, no âmbito da responsabilidade civil e disciplinar.

c) Gabriela e a sociedade de advogados responderão civilmente pela omissão decorrente de culpa, sem prejuízo da responsabilidade disciplinar da advogada, cuidando se de hipótese de responsabilidade civil solidária entre ambas.

d) Gabriela e a sociedade de advogados podem ser responsabilizadas civilmente pela omissão decorrente de culpa. A responsabilidade civil de Gabriela será subsidiária à da sociedade e ilimitada pelos danos causados, sem prejuízo de sua responsabilidade disciplinar.

RESPOSTA: LETRA D – Art. 17 do Estatuto da Advocacia e da Ordem dos Advogados do Brasil.

A árvore que o sábio vê não é a mesma árvore que o tolo vê.

William Blake

12

HONORÁRIOS ADVOCATÍCIOS (ARTS. 22 A 26 DO ESTATUTO E 48 A 54 DO CÓDIGO DE ÉTICA E DISCIPLINA)

Corresponde a remuneração ao profissional da advocacia pelos serviços prestados. São divididos em três tipos (art. 22 do Estatuto):

- Convencionados/contratados;
- Arbitrados;
- Sucumbência.

IMPORTANTE!

O art. 22, §§ 6° e 7°, do Estatuto ainda criam o que pode ser chamado de um outro tipo de verba honorária, chamada de **ASSISTENCIAL** – são os honorários de sucumbência oriundos da Justiça do Trabalho, fixados em ações coletivas propostas por entidade de classe em substituição processual.

Os honorários constituem crédito privilegiado do advogado (art. 24 do Estatuto) e garantem (ao advogado) direito autônomo para cobrança (ou seja, **o advogado pode, por exemplo, executar os honorários de sucumbência em seu nome, sem a participação do cliente** – arts. 23 do Estatuto e 48, § 7°, do Código de Ética e Disciplina).

DICA OLHOS DE TIGRE:

Perfeitamente possível que o advogado receba, de forma cumulada, honorários convencionados (devidos pelo cliente) e de sucumbência (devidos pela parte vencida).

12.1 HONORÁRIOS CONVENCIONADOS/CONTRATADOS

Contratados e fixados entre o advogado e o cliente, sendo como regra uma obrigação de meio (e não de resultado – poderá, excepcionalmente, ser de resultado quando, por exemplo, o advogado for contratado para elaborar uma minuta de contrato).

Os honorários devem ser contratados, de preferência, por escrito (art. 48 do Código de Ética e Disciplina) – importante lembrar que custas e despesas são de responsabilidade do cliente, salvo disposição expressa em sentido contrário (art. 48, § 2° do Código de Ética e Disciplina).

Quando tal contrato (de honorários fixados entre advogado e cliente) não estabelecer ou fixar forma de pagamento, o Estatuto orienta/sugere a seguinte forma (art. 22, § 3°, do Estatuto):

- um terço no início;
- um terço até a decisão de primeira instância;
- um terço no final.

HONORÁRIOS *QUOTA LITIS* (parte na lide) – é maneira de contratar honorários com o cliente (é fixado um percentual no resultado, no benefício que o cliente receber).

IMPORTANTE!

Honorários *quota litis* são uma forma de fixação de honorários entre advogado e cliente (honorários convencionados/contratados então) – não podem, então, ser confundidos com honorários de sucumbência (percentual fixado pelo Poder Judiciário na forma do art. 85 do CPC).

O advogado deve receber o percentual referente aos honorários *quota litis* em pecúnia/dinheiro, e não em bens (para receber em bens, deve existir cláusula contratual declarando que o cliente não tem como pagar em dinheiro – art. 50, § 1°, do Código de Ética e Disciplina).

O percentual quota litis pode incidir sobre parcelas vincendas, desde que fixados com moderação e razoabilidade (art. 50, § 2° do Código de Ética e Disciplina).

DICA OLHOS DE TIGRE:

Não existe disposição definindo qual é o percentual adequado dos honorários *quota litis* – todavia, o art. 50 do Código de Ética e Disciplina prevê que, quando acrescidos dos honorários da sucumbência (**os honorários quota litis somados ao de sucumbência**), não podem ser superiores às vantagens obtidas pelo cliente.

CUIDADO, CABEÇÃO!

É permitido ao advogado juntar o contrato de honorários nos autos e requerer ao juiz que seja reservada e separada, do valor depositado dos autos, a parcela correspondente aos honorários contratados, inclusive com a expedição de ordem de pagamento (alvará ou precatório) em seu nome (do advogado) – art. 22, § 4°, do Estatuto.

12.2 HONORÁRIOS ARBITRADOS

Serão fixados pelo Poder Judiciário, mediante postulação (ação do advogado contra o cliente), pois não foram convencionados previamente.

Ou seja: ausente o contrato escrito entre cliente e advogado, negando se o cliente a efetuar o pagamento, a alternativa do profissional da advocacia será entrar com uma ação contra o cliente, pedindo que o juiz arbitre os honorários – art. 22, § 2°, do Estatuto.

12.3 HONORÁRIOS DE SUCUMBÊNCIA

Verba honorária fixada pelo Poder Judiciário, em processo judicial, que condena a parte vencida (perdedora no processo) ao pagamento de honorários em favor do advogado da parte vencedora (o percentual deverá obedecer ao art. 85, § 2°, do CPC, sendo entre 10% e 20% da condenação).

IMPORTANTE!

Os honorários de sucumbência não excluem os contratados, ou seja, eles coexistem (até porque os contratados são devidos pelo cliente – os de sucumbência são devidos pela outra parte).

TAMBÉM IMPORTANTE

O benefício da justiça gratuita não exclui a fixação de honorários de sucumbência, conforme prevê o art. 98, § 2°, do CPC.

DICA OLHOS DE TIGRE:

O crédito referente aos honorários (inclusive de sucumbência) entra na sucessão, ou seja, é transmitido aos herdeiros (art. 24, § 2º).

12.4 HONORÁRIOS ASSISTENCIAIS

Foi criada, em 2018, a figura dos honorários assistenciais, aqueles pagos a um advogado contratado por entidade sindical para prestar assistência jurídica ao trabalhador sem condições financeiras de arcar com os custos de um defensor.

Na forma do art. 22, § 6º, do Estatuto, são aqueles fixados em ações coletivas propostas por entidades de classe em substituição processual, sem prejuízo aos honorários convencionais.

Simplificando, seriam honorários de sucumbência, fixados na Justiça do Trabalho, em benefício dos advogados contratados pelos sindicatos para defesa de direitos coletivos.

12.5 HONORÁRIOS – PRESCRIÇÃO

A pretensão de cobrar os honorários prescreverá em CINCO ANOS, prazo esse contado (dependendo de cada caso – ou da origem dos honorários) – art. 25 do Estatuto:

- do vencimento do contrato;
- do trânsito em julgado da sentença que fixou;
- do término do serviço extrajudicial;
- da desistência ou da transação;
- da renúncia ou da revogação.

DICA OLHOS DE TIGRE:

- Acordo feito pelo cliente e pela parte contrária não retira o direito de o advogado receber seus honorários (seja os contratados, seja os de sucumbência) – art. 24, § 4º, do Estatuto;
- Os honorários de sucumbência não integram salário ou remuneração – dessa forma, não podem ser considerados para efeitos trabalhistas ou previdenciários (art. 14 do Regulamento Geral);

DICA OLHOS DE TIGRE:

- Advogado que receber substabelecimento somente pode cobrar honorários em conjunto com o advogado que substabeleceu – art. 26 do Estatuto;
- É permitida a cobrança (e o recebimento) de honorários utilizando cartão de crédito – art. 53 do Código de Ética e Disciplina;
- Para cobrança de honorários, não é permitida a emissão de duplicatas ou qualquer outro título de crédito. Todavia, é permitida a emissão de FATURA (apenas quando pedida pelo cliente e prevista no contrato – não sendo autorizado, no entanto, o protesto dessa fatura no caso de não pagamento) – art. 52 do Código de Ética e Disciplina;
- O advogado poderá protestar cheque ou nota promissória emitidos pelo cliente para pagamento dos honorários – art. 52, par. ún., do Código de Ética e Disciplina;
- Renúncia e revogação (art. 17 do Código de Ética e Disciplina) não retiram o direito de o advogado receber a verba honorária – receberá proporcionalmente ao trabalho desenvolvido;
- O contrato particular de honorários é título executivo extrajudicial, sem a necessidade de assinatura de duas testemunhas – art. 24 do Estatuto;
- Tendo o advogado que propor ação contra o cliente para cobrança de honorários, deverá o profissional renunciar ao mandato – art. 54 do Código de Ética e Disciplina.

12.6 INCLUSÕES E ALTERAÇÕES NO ESTATUTO – LEI 14.365/ 2022 – COMENTÁRIOS

Dicas Relevantes:

1. Na falta de estipulação ou de acordo, os honorários são fixados por arbitramento judicial, em remuneração compatível com o trabalho e o valor econômico da questão, ou seja, devam ser observadas as disposições do CPC que regulam os honorários de sucumbência.

2. Consideram-se também honorários convencionados aqueles decorrentes da indicação de cliente entre advogados ou sociedade de advogados;

3. Fica permitida a dedução de honorários advocatícios contratuais dos valores acrescidos, a título de juros de mora, ao montante repassado aos Estados e aos Municípios na forma de precatórios, como complementação de fundos constitucionais.

> **CUIDADO, CABEÇÃO!**
>
> *Essa dedução não será permitida aos advogados nas causas que decorram da execução de título judicial constituído em ação civil pública ajuizada pelo Ministério Público Federal.*

4. Somente sejam consideradas válidas as disposições, as cláusulas, os regulamentos ou as convenções individuais ou coletivas que retirem do sócio o direito ao recebimento dos honorários de sucumbência "nos casos judiciais e administrativos", após o protocolo de petição que revogue os poderes que lhe foram outorgados ou que noticie a renúncia a eles.

Vale lembrar que mesmo nessa situação, os honorários serão devidos proporcionalmente ao trabalho realizado.

5. O advogado tem direito aos honorários proporcionais ao trabalho realizado nos processos judiciais e administrativos em que tenha atuado, na hipótese de encerramento da relação contratual com o cliente (seja por renúncia ou revogação);

6. No caso de bloqueio universal do patrimônio do cliente por decisão judicial, será garantido ao advogado a liberação de até 20% (vinte por cento) dos bens bloqueados para fins de recebimento de honorários e reembolso de gastos com a defesa

> **CUIDADO, CABEÇÃO!**
>
> *Esse desbloqueio não será permitido nas causas relacionadas aos crimes previstos na Lei de Drogas.*

> **DICA OLHOS DE TIGRE:**
>
> *Quando o advogado substabelecido, com reservas de poderes, possuir contrato celebrado diretamente com o cliente emerge uma situação especial – este advogado substabelecido poderá cobrar esses honorários do cliente sem a participação do advogado que substabeleceu (art. 26, PU).*

IMPORTANTE!

Não pode ocorrer a condenação cumulativa em honorários assistenciais e em honorários de sucumbência, pois ambos visam remunerar o trabalho prestado pelo advogado no processo trabalhista.

12.7 ADVOCACIA *PRO BONO* (ART. 30 DO CÓDIGO DE ÉTICA E DISCIPLINA)

Durante um determinado período, entendeu se que o advogado não poderia trabalhar sem cobrar honorários (que tal atitude poderia configurar forma de aviltamento de honorários).

Com o intuito de regular essa atividade, foi trazida para o sistema brasileiro a possibilidade do exercício da advocacia *pro bono*.

DICA OLHOS DE TIGRE:

Considera-se advocacia *pro bono* a prestação **gratuita, eventual e voluntária** (G E V) de serviços jurídicos – essas são as características principais (art. 30, § 1°, do Código de Ética e Disciplina).

Esse tipo de atuação pode acontecer em favor de instituições sociais sem fins econômicos e de seus assistidos, sempre que os beneficiários não dispuserem de recursos para a contratação de profissional (art. 30, § 1°, do Código de Ética e Disciplina).

Também pode ser exercida para pessoas naturais hipossuficientes (art. 30, § 2°, do Código de Ética e Disciplina).

E, de forma bem objetiva, não poderá o advogado atuar como *pro bono* com objetivos político partidários ou eleitorais, nem beneficiar instituições que visem tais objetivos, ou como instrumento de publicidade para captação de clientela (art. 30, § 3°, do Código de Ética e Disciplina).

Segundo o Prov. n° 166/2015 do Conselho Federal da OAB, os advogados que desempenharem a advocacia *pro bono* estão impedidos, pelo prazo de três anos, de exercer advocacia remunerada para quem trabalhou (o cliente) na condição de *pro bono* (art. 4°, § 1°).

IMPORTANTE!

A atuação na condição de *pro bono* não proíbe o advogado de receber os honorários de sucumbência.

QUESTÕES PARA ESTUDO

- **Prova: FGV – 2019 – OAB – Exame de Ordem Unificado – XXVIII – Primeira Fase**

Jorge é advogado, atuando no escritório modelo de uma universidade. Em certa ocasião, Jorge é consultado por um cliente, pois este gostaria de esclarecer dúvidas sobre honorários advocatícios. O cliente indaga a Jorge sobre o que seriam os honorários assistenciais. Considerando o disposto no Estatuto da Advocacia e da OAB, assinale a opção que apresenta a resposta de Jorge.

a) Os honorários assistenciais são aqueles pagos diretamente ao advogado que promove a juntada aos autos do seu contrato de honorários antes de expedir-se o mandado de levantamento ou precatório.

b) Os honorários assistenciais são aqueles devidos ao advogado em periodicidade determinada, pela prestação de serviços advocatícios de forma continuada, nas situações que o cliente venha a ter necessidade, como contrapartida à chamada "advocacia de partido".

c) Os honorários assistenciais são aqueles fixados pelo juiz ao advogado indicado para patrocinar causa de juridicamente necessitado, no caso de impossibilidade da Defensoria Pública no local da prestação do serviço.

d) Os honorários assistenciais são aqueles fixados em ações coletivas propostas por entidades de classe em substituição processual.

RESPOSTA: LETRA D – Art. 22, §§ 6° e 7°, do Estatuto da Advocacia e da Ordem dos Advogados do Brasil.

- **Prova: FGV – 2019 – OAB – Exame de Ordem Unificado – XXVIII – Primeira Fase**

Eduardo contrata o advogado Marcelo para propor ação condenatória de obrigação de fazer em face de João. São convencionados honorários contratuais, porém o contrato de honorários advocatícios é omisso quanto à forma de pagamento. Proposta a ação, Marcelo cobra de Eduardo o pagamento de metade dos honorários acordados. De acordo com o Estatuto da OAB, assinale a afirmativa correta.

a) Marcelo pode cobrar de Eduardo metade dos honorários, pois, na ausência de estipulação sobre a forma de pagamento, metade dos honorários é devida no início do serviço e metade é devida no final.

b) Marcelo pode cobrar de Eduardo metade dos honorários, pois, na ausência de estipulação sobre a forma de pagamento, os honorários são devidos integralmente desde o início do serviço.

c) Marcelo não pode cobrar de Eduardo metade dos honorários, pois, na ausência de estipulação sobre a forma de pagamento, os honorários somente são devidos após a decisão de primeira instância.

d) Marcelo não pode cobrar de Eduardo metade dos honorários, pois, na ausência de estipulação sobre a forma de pagamento, apenas um terço é devido no início do serviço.

RESPOSTA: LETRA D – Art. 22, § 3°, do Estatuto da Advocacia e da Ordem dos Advogados do Brasil.

■ **Prova: FGV – 2018 – OAB – Exame de Ordem Unificado – XXVII – Primeira Fase**

O advogado Sebastião é empregado de certa sociedade limitada, competindo lhe, entre outras atividades da advocacia, atuar nos processos judiciais em que a pessoa jurídica é parte. Em certa demanda, na qual foram julgados procedentes os pedidos formulados pela sociedade, foram fixados honorários de sucumbência em seu favor. Considerando o caso narrado e o disposto no Regulamento Geral do Estatuto da Advocacia e da OAB, assinale a afirmativa correta.

a) Os referidos honorários integram a remuneração de Sebastião e serão considerados para efeitos trabalhistas, embora não sejam considerados para efeitos previdenciários.
b) Os referidos honorários integram a remuneração de Sebastião e serão considerados para efeitos trabalhistas e para efeitos previdenciários.
c) Os referidos honorários não integram a remuneração de Sebastião e não serão considerados para efeitos trabalhistas, embora sejam considerados para efeitos previdenciários.
d) Os referidos honorários não integram a remuneração de Sebastião e não serão considerados para efeitos trabalhistas, nem para efeitos previdenciários.

RESPOSTA: LETRA D – Art. 14 do Regulamento Geral do Estatuto da Advocacia e da Ordem dos Advogados do Brasil.

■ **Prova: FGV – 2018 – OAB – Exame de Ordem Unificado – XXVI – Primeira Fase**

O advogado Fabrício foi contratado por José para seu patrocínio em processo judicial, por meio de instrumento firmado no dia 14-11-2012. No exercício do mandato, Fabrício distribuiu, em 23-11-2012, petição inicial em que José figurava como autor. No dia 6-11-2013, nos autos do processo, Fabrício foi intimado de sentença, a qual fixou honorários advocatícios sucumbenciais, no valor de dez mil reais, em seu favor. A referida sentença transitou em julgado em 21-11-2013. Considerando que não houve causa de suspensão ou interrupção do prazo prescricional, de acordo com a disciplina do Estatuto da Advocacia e da OAB, assinale a afirmativa correta.

a) A pretensão de cobrança dos honorários sucumbenciais, fixados em favor de Fabrício, prescreve no prazo de cinco anos, a contar de 14-11-2012.
b) A pretensão de cobrança dos honorários sucumbenciais, fixados em favor de Fabrício, prescreve no prazo de cinco anos, a contar de 6-11-2013.
c) A pretensão de cobrança dos honorários sucumbenciais, fixados em favor de Fabrício, prescreve no prazo de cinco anos, a contar de 21-11-2013.
d) A pretensão de cobrança dos honorários sucumbenciais, fixados em favor de Fabrício, é imprescritível, tendo em vista seu caráter alimentar.

RESPOSTA: LETRA C – Art. 25 do Estatuto da Advocacia e da Ordem dos Advogados do Brasil.

- **Prova: FGV – 2017 – OAB – Exame de Ordem Unificado – XXIV – Primeira Fase**

Certa sociedade de advogados, de acordo com a vontade do cliente, emitiu fatura, com fundamento no contrato de prestação de serviços advocatícios. Em seguida, promoveu o saque de duplicatas quanto ao crédito pelos honorários advocatícios. Considerando o caso narrado, assinale a afirmativa correta.

a) É vedada a emissão da fatura, com fundamento no contrato de prestação de serviços, bem como não é autorizado o saque de duplicatas quanto ao crédito pelos honorários advocatícios.
b) É autorizada a emissão de fatura, com fundamento no contrato de prestação de serviços, se assim pretender o cliente, sendo também permitido que posteriormente seja levada a protesto. Todavia, é vedado o saque de duplicatas quanto ao crédito pelos honorários advocatícios.
c) É autorizada a emissão de fatura, com fundamento no contrato de prestação de serviços, se assim pretender o cliente, sendo vedado que seja levada a protesto. Ademais, não é permitido o saque de duplicatas quanto ao crédito pelos honorários advocatícios.
d) É vedada a emissão de fatura, com fundamento no contrato de prestação de serviços, mas é permitido que, posteriormente, seja levada a protesto. Ademais, é permitido o saque de duplicatas quanto ao crédito pelos honorários advocatícios.

RESPOSTA: LETRA C – Art. 52 do Código de Ética e Disciplina da OAB.

- **Prova: FGV – 2017 – OAB – Exame de Ordem Unificado – XXIII – Primeira Fase**

O advogado Stéfano, buscando facilitar a satisfação de honorários advocatícios contratuais a que fará jus, estuda tomar duas providências: de um lado, tenciona incluir expressamente no contrato de prestação de seus serviços, com concordância do cliente, autorização para que se dê compensação de créditos pelo advogado, de importâncias devidas ao cliente; de outro, pretende passar a empregar, para o recebimento de honorários, sistema de cartão de crédito, mediante credenciamento junto a uma operadora. Tendo em vista as medidas pretendidas pelo advogado e as disposições do Código de Ética e Disciplina da OAB, assinale a afirmativa correta.

a) Não é permitida a compensação de créditos, pelo advogado, de importâncias devidas ao cliente, sendo vedada a inclusão de cláusula nesse sentido no contrato de prestação de serviços. De igual maneira, não é admitido o emprego de sistema de cartões de crédito para recebimento de honorários, mediante credenciamento junto a operadoras de tal ramo.
b) Não é permitida a compensação de créditos, pelo advogado, de importâncias devidas ao cliente, sendo vedada a inclusão de cláusula nesse sentido no contrato de prestação de serviços. Porém, é admitido o emprego de sistema de cartões de crédito para recebimento de honorários, mediante credenciamento junto a operadoras de tal ramo.

c) É admitida a compensação de créditos, pelo advogado, de importâncias devidas ao cliente, se houver autorização para tanto no contrato de prestação de serviços. Também é permitido o emprego de sistema de cartões de crédito para recebimento de honorários, mediante credenciamento junto a operadoras de tal ramo.

d) É admitida a compensação de créditos, pelo advogado, de importâncias devidas ao cliente, se houver autorização para tanto no contrato de prestação de serviços. Porém, não é permitido o emprego de sistema de cartões de crédito para recebimento de honorários, mediante credenciamento junto a operadoras de tal ramo.

RESPOSTA: LETRA C – Arts. 48, § 2°, e 53, ambos do Código de Ética e Disciplina da OAB.

- **Prova: FGV – 2016 – OAB – Exame de Ordem Unificado – XXI – Primeira Fase**

A advogada Kátia exerce, de forma eventual e voluntária, a advocacia *pro bono* em favor de certa instituição social, a qual possui personalidade jurídica como associação, bem como de pessoas físicas economicamente hipossuficientes. Em razão dessa prática, sempre que pode, Kátia faz menção pública à sua atuação *pro bono*, por entender que isto revela correição de caráter e gera boa publicidade de seus serviços como advogada, para obtenção de clientes em sua atuação remunerada.

Considerando as informações acima, assinale a afirmativa correta.

a) Kátia comete infração ética porque a advocacia *pro bono* não pode ser destinada a pessoas jurídicas, sob pena de caracterização de aviltamento de honorários. Kátia também comete infração ética ao divulgar sua atuação *pro bono* como instrumento de publicidade para obtenção de clientela.

b) Kátia comete infração ética, ao divulgar sua atuação *pro bono* como instrumento de publicidade para obtenção de clientela. Quanto à atuação *pro bono* em favor de pessoas jurídicas, inexiste vedação.

c) Kátia comete infração ética porque a advocacia *pro bono* não pode ser destinada a pessoas jurídicas, sob pena de caracterização de aviltamento de honorários. Quanto à divulgação de seus serviços *pro bono* para obtenção de clientela, inexiste vedação.

d) A situação narrada não revela infração ética. Inexistem óbices à divulgação por Kátia de seus serviços *pro bono* para obtenção de clientela, bem como à atuação *pro bono* em favor de pessoas jurídicas.

RESPOSTA: LETRA B – Art. 30 do Código de Ética e Disciplina da OAB.

Necessidade histórica, necessidade jurídica e necessidade moral: as três necessidades que formam o tripé da consciência.

V. Morello

13

PROCURAÇÃO – MANDATO

Para que o advogado atue em nome de seu cliente, necessário que ele receba poderes para tanto. A forma processual é a outorga da procuração.

Dessa forma, o advogado, para postular em juízo, deve ter procuração (ou seja, estar habilitado a representar o cliente) – conforme previsão expressa dos arts. 5° do Estatuto e 104 do CPC.

Excepcionalmente, comprovando urgência (art. 5°, § 1°, do Estatuto) ou para evitar preclusão, decadência ou prescrição (art. 104 do CPC), poderá o advogado postular em juízo sem procuração (deverá, todavia, apresentar tal documento no prazo de 15 dias, prazo esse prorrogável por mais 15 – arts. 5°, § 1°, do Estatuto e 104, § 1°, do CPC).

Vale recordar, também, que a procuração (conforme o art. 5°, § 2°, do Estatuto) permite e autoriza que o advogado, em nome do cliente, pratique todos os atos judiciais (em qualquer instância), salvo aqueles que exigirem poderes especiais (os poderes que exigem procuração específica são aqueles definidos no art. 105 do CPC).

A procuração, como todo o contrato, pode ter prazo determinado – se não contiver prazo (for outorgada por prazo indeterminado), presume-se que ela tem eficácia até a conclusão ou extinção da causa (art. 13 do Código de Ética e Disciplina).

Importante referir que, concluída a causa, o advogado deve devolver documentos e prestar contas ao cliente (art. 12 do Código de Ética e Disciplina) – inclusive tendo o dever de prestar esclarecimentos complementares (tal obrigação permanece mesmo não existindo mais relação contratual com o cliente – válido referir, ainda, que, mesmo o cliente ainda devendo honorários, tal circunstância não desobriga o advogado a fornecer as informações porventura exigidas pelo cliente ou ex-cliente).

Recorde-se, aqui, o disposto no art. 105, § 4º do CPC, o qual prevê que a procuração outorgada na fase de conhecimento tem efeito para todas as fases do processo (inclusive recursos e cumprimento de sentença) – somente não terá eficácia se houver manifestação expressa no sentido contrário prevista na própria procuração (Ex.: cláusula prevendo que a procuração não terá eficácia para o cumprimento de sentença).

IMPORTANTE!

O decurso do tempo não acarreta a extinção dos poderes outorgados na procuração – art. 18 do Código de Ética e Disciplina.

Objetivamente, a procuração não se extingue ou perde valor/eficácia pelo decurso do tempo.

CUIDADO, CABEÇÃO!

O advogado não pode aceitar procuração de quem já tenha patrono constituído (art. 14 do Código de Ética e Disciplina), salvo com o conhecimento/aceitação do antigo procurador, ou por motivo justificável ou para a adoção de medidas urgentes/inadiáveis.

A relação de advogado e cliente é de confiança – se não existir tal qualidade, cabe ao advogado renunciar ou substabelecer (art. 10 do Código de Ética e Disciplina).

Vale recordar que o advogado é quem decide, tecnicamente, como será sua atuação nos autos (não sendo obrigado a se submeter à opinião do cliente – art. 11 do Código de Ética e Disciplina).

Na mesma linha, também não precisa o advogado aceitar imposição do cliente para atuar em conjunto com outro(s) advogado(s) – art. 24 do Código de Ética e Disciplina.

DICA OLHOS DE TIGRE:

As atividades de consultoria e assessoria jurídicas podem ser exercidas de modo verbal ou por escrito, a critério do advogado e do cliente, e independem de outorga de mandato ou de formalização por contrato de honorários.

13.1 RENÚNCIA (ART. 5º, § 3º DO ESTATUTO E ART. 16 DO CÓDIGO DE ÉTICA E DISCIPLINA)

Forma de extinção da procuração – e dos poderes nela outorgados.

CUIDADO, CABEÇÃO!

QUEM RENUNCIA É O ADVOGADO!

Não existe necessidade de a renúncia ser motivada ou fundamentada (art. 16 do Código de Ética e Disciplina).

Notificado o cliente (a forma da notificação está regulada no art. 6° do Regulamento Geral), o advogado ainda é responsável pelos atos processuais por dez (10) dias – art. 5°, § 3°, do Estatuto (caso um novo profissional se habilite antes de terminado tal prazo, encerra-se a responsabilidade).

DICA OLHOS DE TIGRE:

A notificação deve ser feita pelo advogado ao cliente (de preferência pelo correio) e, depois, comunicada ao juízo (se existir processo em andamento) – art. 6° do Regulamento Geral.

13.2 REVOGAÇÃO (ART. 17 DO CÓDIGO DE ÉTICA E DISCIPLINA)

Forma de extinção da procuração e dos poderes nela outorgados – nesse caso, por iniciativa do cliente.

Na revogação, não existe o prazo de responsabilização por 10 (dez) dias, ou seja, revogados os poderes, encerrada está a responsabilidade do advogado quanto à defesa dos interesses do ex-cliente.

DICA OLHOS DE TIGRE:

A renúncia e a revogação não desobrigam o cliente de pagar os honorários advocatícios (inclusive verba sucumbência – nesse caso, de forma proporcional ao trabalho desenvolvido).

13.3 SUBSTABELECIMENTO (ART. 26 DO CÓDIGO DE ÉTICA E DISCIPLINA)

Forma de o advogado transferir os poderes recebidos na procuração para outro advogado (relação advogado com advogado – art. 26 do Código de Ética e Disciplina).

CUIDADO, CABEÇÃO!

Pode acontecer – o substabelecimento – COM RESERVA DE PODERES, sendo, nesse caso, **um compartilhamento de poderes** (poderá atuar tanto o advogado que substabeleceu quanto o advogado substabelecido).

Nesse caso, será responsabilidade do advogado que substabeleceu acertar os honorários com o colega para quem foi feito o substabelecimento – art. 26, § 2º.

E pode ocorrer, também, SEM RESERVA DE PODERES – nesse caso, o advogado que substabelece se afasta do processo (e exatamente por isso que, nesse caso, será necessária a anuência/concordância do cliente – art. 26, § 1º, do Código de Ética e Disciplina).

DICA OLHOS DE TIGRE:

- Não o pode o advogado atuar, no mesmo ato processual, como patrono e preposto – arts. 3º do Regulamento Geral e 25 do Código de Ética e Disciplina;
- Se ocorrer conflito de interesses entre clientes, cabe ao advogado escolher/optar por um deles (art. 20 do Código de Ética e Disciplina);
- O advogado pode advogar contra ex-cliente (sem necessidade de esperar qualquer tipo de prazo), devendo apenas respeitar o sigilo profissional (não poderá usar, contra o ex-cliente, fatos e circunstâncias dos quais teve conhecimento enquanto era procurador) – art. 21 do Código de Ética e Disciplina;
- Deve o advogado abster-se de trabalhar em ação contra ato jurídico no qual ele, advogado, tenha participado ou colaborado com a sua formação; na mesma linha, também deverá não advogar defendendo tese pela qual já tenha se manifestado de forma contrária (art. 22 do Código de Ética e Disciplina);
- Ao assumir defesa criminal, o advogado tem o direito/dever de não levar em consideração sua opinião pessoal sobre a culpa do cliente – art. 23 do Código de Ética e Disciplina.

QUESTÕES PARA ESTUDO

- **Prova: FGV – 2018 – OAB – Exame de Ordem Unificado – XXVI – Primeira Fase**

O advogado José Maria celebrou contrato de mandato, há muitos anos, com o cliente Antônio para defendê-lo extrajudicialmente em certa questão. O instrumento não previu, de forma expressa, o prazo de duração do mandato. Considerando a hipótese descrita, assinale a afirmativa correta.

a) Ausente previsão de prazo no instrumento, o contrato de mandato extrajudicial é válido e será extinto pelo decurso do prazo de 15 anos, salvo renovação expressa.
b) Ausente previsão de prazo no instrumento, o mandato extrajudicial é válido e não será extinto pelo decurso de qualquer prazo.
c) Ausente previsão de prazo no instrumento, o mandato extrajudicial é anulável e não será extinto pelo decurso de qualquer prazo, mas a anulabilidade pode ser pronunciada por decisão judicial, mediante alegação dos interessados.
d) Ausente previsão de prazo no instrumento, o mandato extrajudicial é válido e será extinto pelo decurso do prazo de 20 anos, salvo renovação expressa.

RESPOSTA: LETRA B – Art. 18 do Código de Ética e Disciplina da OAB.

- **Prova: FGV – 2017 – OAB – Exame de Ordem Unificado – XXII – Primeira Fase**

Juliana, advogada, foi empregada da sociedade empresária OPQ Cosméticos e, em razão da sua atuação na área tributária, tomou conhecimento de informações estratégicas da empresa. Muitos anos depois de ter deixado de trabalhar na empresa, foi procurada por Cristina, consumidora que pretendia ajuizar ação cível em face da OPQ Cosméticos por danos causados pelo uso de um de seus produtos. Juliana, aceitando a causa, utiliza-se das informações estratégicas que adquirira como argumento de reforço, com a finalidade de aumentar a probabilidade de êxito da demanda. Considerando essa situação, segundo o Estatuto da OAB e o Código de Ética e Disciplina da OAB, assinale a afirmativa correta.

a) Juliana não pode advogar contra a sociedade empresária OPQ Cosméticos, tampouco se utilizar das informações estratégicas a que teve acesso quando foi empregada da empresa.
b) Juliana pode advogar contra a sociedade empresária OPQ Cosméticos, mas não pode se utilizar das informações estratégicas a que teve acesso quando foi empregada da empresa.
c) Juliana pode advogar contra a sociedade empresária OPQ Cosméticos e pode se utilizar das informações estratégicas a que teve acesso quando foi empregada da empresa.
d) Juliana não pode advogar contra a sociedade empresária OPQ Cosméticos, mas pode repassar as informações estratégicas a que teve acesso

quando foi empregada da empresa, a fim de que sejam utilizadas por terceiro que patrocine a causa de Cristina.

RESPOSTA: LETRA B – Art. 21 do Código de Ética e Disciplina da OAB.

- **Prova: FGV – 2016 – OAB – Exame de Ordem Unificado – XXI – Primeira Fase**

Pedro é advogado empregado da sociedade empresária FJ. Em reclamação trabalhista proposta por Tiago em face da FJ, é designada audiência para data na qual os demais empregados da empresa estarão em outro Estado, participando de um congresso. Assim, no dia da audiência designada, Pedro se apresenta como preposto da reclamada, na condição de empregado da empresa, e advogado com procuração para patrocinar a causa. Nesse contexto,

a) Pedro pode funcionar no mesmo processo, simultaneamente, como patrono e preposto do empregador, em qualquer hipótese.
b) Pedro pode funcionar no mesmo processo, simultaneamente, como patrono e preposto do empregador, pois não há outro empregado disponível na data da audiência.
c) Pedro pode funcionar no mesmo processo, simultaneamente, como patrono e preposto do empregador, em qualquer hipótese, desde que essa circunstância seja previamente comunicada ao juízo e ao reclamante.
d) Pedro não pode funcionar no mesmo processo, simultaneamente, como patrono e preposto do empregador ou cliente.

RESPOSTA: LETRA D – Arts. 25 do Código de Ética e Disciplina da OAB e 3º do Regulamento Geral.

- **Prova: FGV – 2016 – OAB – Exame de Ordem Unificado – XX – Primeira Fase (Reaplicação Salvador/BA)**

Rodrigo outorgou mandato à advogada Lívia para postular em juízo o adimplemento de obrigação de fazer em face de uma concessionária de serviços públicos. Ocorre que Lívia, por problemas pessoais, após a citação da ré, não desejou mais atuar como advogada na causa. Nestas condições, Lívia deverá

a) comunicar ao juízo a renúncia ao mandato, liberando se, após a protocolização da petição, do dever de representar Rodrigo em juízo.
b) notificar Rodrigo da renúncia ao mandato por carta. Após, deverá comunicar ao juízo, mas continuará obrigada a representar Rodrigo em juízo até que decorridos dez dias da ciência apostada pelo magistrado da renúncia nos autos.
c) comunicar ao juízo a renúncia ao mandato, e, posteriormente, notificar Rodrigo, continuando obrigada a representar o cliente até que ele constitua novo advogado ou defensor público.
d) notificar Rodrigo da renúncia ao mandato por carta e, após, deverá comunicar ao juízo, mas, nos dez dias seguintes à notificação ao cliente da renúncia, Lívia continuará obrigada a representar Rodrigo, a menos que seja substituída por outro advogado antes do término desse prazo.

RESPOSTA: LETRA D – Art. 16 do Código de Ética e Disciplina, c/c art. 5º, § 3º, do Estatuto da Advocacia e da Ordem dos Advogados do Brasil.

■ Prova: FGV – 2016 – OAB – Exame de Ordem Unificado – XX – Primeira Fase

João outorgou procuração ao advogado Antônio, para sua defesa em certo processo. Todavia, decorridos alguns dias, João concluiu que a atuação de apenas um profissional não seria suficiente à sua satisfatória representação e buscou Antônio, a fim de informá-lo de que pretendia também contratar o advogado Luiz, para atuar juntamente com ele no feito. Ocorre que Antônio negou se a aceitar a indicação, por duvidar das qualidades profissionais do colega. Meses depois, convencido de que realmente precisa de auxílio, resolveu substabelecer o mandato, com reserva de poderes, ao advogado Lucas, que goza de sua absoluta confiança. Diante da situação narrada, assinale a afirmativa correta.

a) A recusa de Antônio à indicação de outro profissional pelo cliente não constitui infração ética, pois o advogado não é obrigado a aceitar a indicação de outro profissional para com ele trabalhar no processo. Por sua vez, o substabelecimento do mandato a Lucas depende de prévia comunicação a João.
b) A recusa de Antônio à indicação de outro profissional pelo cliente constitui infração ética, uma vez que ele comportou se com deslealdade em face do colega advogado, pronunciando se contra sua contratação. Por sua vez, o substabelecimento do mandato a Lucas depende de prévia comunicação a João.
c) A recusa de Antônio à indicação de outro profissional pelo cliente constitui infração ética, uma vez que ele comportou se com deslealdade em face do colega advogado, pronunciando se contra sua contratação. Por sua vez, o substabelecimento do mandato a Lucas independe de prévia comunicação a João, pois constitui ato pessoal do advogado da causa.
d) A recusa de Antônio à indicação de outro profissional pelo cliente não constitui infração ética, pois o advogado não é obrigado a aceitar a indicação de outro profissional para com ele trabalhar no processo. Por sua vez, o substabelecimento do mandato a Lucas independe de comunicação a João, já que constitui ato pessoal do advogado da causa.

RESPOSTA: LETRA D – Arts. 22 e 24 do Código de Ética e Disciplina da OAB.

■ Prova: FGV – 2013 – OAB – Exame de Ordem Unificado – XI – Primeira Fase

Cláudio, advogado com vasta experiência profissional, é contratado pela sociedade LK Ltda. para gerenciar a carteira de devedores duvidosos, propondo acordos e, em último caso, as devidas ações judiciais. Após um ano de sucesso na empreitada, Cláudio postula aumento nos seus honorários, o que vem a ser recusado pelos representantes legais da sociedade. Insatisfeito com o desenrolar dos fatos, Cláudio comunica que irá renunciar aos mandatos que lhe foram conferidos, notificando pessoalmente os representantes legais da sociedade que apuseram o seu ciente no ato de comunicação. Dez dias após, a sociedade contratou novos advogados, que assumiram os processos em curso. Observado tal relato, baseado nas normas do Regulamento Geral do Estatuto da Advocacia e da OAB, assinale a afirmativa correta.

a) A comunicação da renúncia do mandato não pode ser pessoal, para evitar conflitos com o cliente.

b) A renúncia ao mandato deve ser comunicada ao cliente, preferencialmente mediante carta com aviso de recepção.

c) O advogado deve comunicar a renúncia ao mandato diretamente ao Juízo da causa, que deverá intimar a parte.

d) O advogado não tem o dever de comunicar à parte a renúncia ao mandato judicial ou extrajudicial.

RESPOSTA: LETRA B – Art. 6º do Regulamento Geral do Estatuto da Advocacia e da Ordem dos Advogados do Brasil.

Só uma luz nesta sombra, nesta treva,
brilha intensa no seio dos autos.
É a voz da defesa, a palavra candente do
advogado, a sua lógica, a sua dedicação, o seu
cabedal de estudo, de análise e de dialética.
Onde for ausente a sua palavra, não haverá justiça,
nem lei, nem liberdade, nem honra, nem vida.

Ribeiro da Costa – ex-Ministro do STF

14

ATIVIDADES PRIVATIVAS DO ADVOGADO
(ARTS. 1º A 5º DO ESTATUTO)

Em primeiro lugar, frise-se: BACHAREL em Direito e ESTAGIÁRIO NÃO SÃO ADVOGADOS (ou seja, não podem agir ou atuar naquelas atividades definidas como privativas da advocacia).

São atividades privativas da advocacia:

– CONSULTORIA E ASSESSORIA JURÍDICA: É ATIVIDADE PRIVATIVA (somente podem ser feitas por advogado);

OBSERVAÇÃO!

Assessoria jurídica (atividade extrajudicial) pode ser praticada isoladamente pelo estagiário quando receber autorização do advogado (art. 29, § 2°, do Regulamento Geral).

– DIREÇÃO E GERÊNCIA JURÍDICA: É ATIVIDADE PRIVATIVA;

DICA OLHOS DE TIGRE: A função de diretoria e gerência jurídicas em qualquer **empresa pública, privada ou paraestatal**, inclusive em **instituições financeiras**, é privativa de advogado, não podendo ser exercida por quem não estiver inscrito regularmente na OAB – art. 7° do Regulamento Geral.

– VISAR ATOS CONSTITUTIVOS (CONTRATOS SOCIAIS) DE PESSOA JURÍDICA (art. 2° do Regulamento Geral): É ATIVIDADE PRIVATIVA;

DICA OLHOS DE TIGRE:

É impedido de efetuar o visto o advogado que presta serviços a órgãos ou entidades da Administração Pública direta ou indireta, da unidade federativa a que se vincule a Junta Comercial, ou a quaisquer repartições administrativas competentes para o mencionado registro (art. 2º, par. ún., do Regulamento Geral).

CUIDADO, CABEÇÃO!

Empresa Individual de Responsabilidade Limitada (EIRELI), Microempresa e Empresa de Pequeno Porte (EPP) **não precisam de visto de advogado para os seus atos constitutivos**.

- POSTULAR EM JUÍZO: É ATIVIDADE PRIVATIVA, mas com as seguintes exceções:
  - *HABEAS CORPUS* (em qualquer instância – art. 1º, § 1º, do Estatuto);
  - *JUS POSTULANDI* TRABALHISTA (nas Varas e Tribunais de segunda instância – ação rescisória e postulação perante o TST exigem advogado);
  - JEC (limitação de valor – art. 9º da Lei nº 9.099/1995);
  - JEF/JEFP (Lei nº 10.259/2001);
  - REVISÃO CRIMINAL (art. 623 do CPP).

◉ OBSERVAÇÃO!

Também não é necessária a representação por advogado nos Processos Administrativos Disciplinares – conforme Súm. Vinc. nº 5 do STF.

Nesses casos, das exceções, será possível postular em juízo sem a presença do advogado.

DICA OLHOS DE TIGRE:

A impetração de *habeas corpus* pode ser feita SEM ADVOGADO em qualquer instância ou Tribunal (art. 1º, § 1º, do Estatuto).

CUIDADO, CABEÇÃO!

No JEC criminal, a presença do advogado ao acusado é obrigatória.

IMPORTANTE!

A produção de atos privativos da advocacia por quem não é advogado tipifica Exercício Ilegal da Profissão - art. 4° do Regulamento Geral.

DICAS IMPORTANTES

1. No processo administrativo, o advogado contribui com a postulação de decisão favorável ao seu constituinte, e os seus atos constituem múnus público.

2. É garantido ao advogado a prerrogativa de, no processo administrativo, contribuir com a postulação de decisão favorável ao seu constituinte.

3. O advogado pode contribuir com o processo legislativo e com a elaboração de normas jurídicas, no âmbito dos Poderes da República.

4. As atividades de consultoria e assessoria jurídicas podem ser exercidas de modo verbal ou por escrito, a critério do advogado e do cliente, e independem de outorga de mandato ou de formalização por contrato de honorários.

QUESTÃO PARA ESTUDO

- **Prova: FGV – 2015 – OAB – Exame de Ordem Unificado – XVII – Primeira Fase**

Os atos e contratos constitutivos de pessoas jurídicas, para sua admissão em registro, em não se tratando de empresas de pequeno porte e de microempresas, consoante o Estatuto da Advocacia, devem:

a) apresentar os dados do contador responsável.
b) permitir a participação de outros profissionais liberais.
c) conter o visto do advogado.
d) indicar o advogado que representará a sociedade.

RESPOSTA: LETRA C – Arts. 2° do Regulamento Geral e 1°, § 2°, do Estatuto da Advocacia e da Ordem dos Advogados do Brasil.

Aqui no entanto nós não olhamos para trás por muito tempo.
Nós continuamos seguindo em frente, abrindo
novas portas e fazendo coisas novas...
Porque somos curiosos...
E a curiosidade continua nos conduzindo
por novos caminhos. Siga em frente.

Walt Disney

15

DIREITOS E PRERROGATIVAS DO ADVOGADO (ARTS. 6º E 7º DO ESTATUTO)

A lei garante ao advogado o direito de exercer a defesa plena de seus clientes, com independência e autonomia, sem temor do magistrado, do representante do Ministério Público ou de qualquer autoridade que possa tentar constrangê-lo ou diminuir o seu papel enquanto defensor das liberdades.

15.1 INCLUSÕES E ALTERAÇÕES NO ESTATUTO – LEI 14.365/2022 – COMENTÁRIOS

As autoridades e os servidores públicos dos Poderes da República, os serventuários da Justiça e os membros do Ministério Público devem dispensar ao advogado, no exercício da profissão, tratamento compatível com a dignidade da advocacia e condições adequadas a seu desempenho, preservando e resguardando, de ofício, a imagem, a reputação e a integridade do advogado.

O Estatuto garante e reforça a dignidade da atuação do advogado, como corrobora as condições necessárias para o bom desempenho desse múnus público – e, importante, atualiza a orientação legal em harmonia com a Lei de Abuso de Autoridade (Lei nº 13.869/2019).

IMPORTANTE!

Durante as audiências de instrução e julgamento realizadas no Poder Judiciário, nos procedimentos de jurisdição contenciosa ou voluntária, os advogados do autor e do requerido devem permanecer no mesmo plano topográfico e em posição

> IMPORTANTE!
> *equidistante em relação ao magistrado que as presidir – AQUI FICOU GARANTIDA A PARIDADE DE ARMAS (art. 6°, parágrafo segundo do Estatuto).*

Objetivamente, o art. 7° deve ser lido, estudado e entendido na sua integralidade – valem, aqui, algumas observações sobre aquelas circunstâncias (direitos) que emergem mais importantes.

a) HIERARQUIA – SUBORDINAÇÃO – arts. 6° e 31, § 2°, do Estatuto

Não existe hierarquia entre advogados, órgãos do Poder Judiciário e Ministério Público – objetivamente não existe poder de mando sobre o advogado, devendo exercer sua função com INDEPENDÊNCIA.

b) INVIOLABILIDADE DO ESCRITÓRIO (LOCAL DE TRABALHO) – art. 7°, II

É garantida ao advogado a inviolabilidade dos seus instrumentos de trabalho – aí incluídos todos os documentos relativos ao serviço da advocacia.

Essa inviolabilidade pode, excepcionalmente, ser quebrada, existindo indícios de autoria e materialidade contra o advogado, mediante ordem judicial (específica e fundamentada), cumprida na presença de representante da OAB – art. 7°, §§ 6° e 7°.

Alteração do inciso X do art. 7°

> X – usar da palavra, pela ordem, em qualquer tribunal judicial ou administrativo, órgão de deliberação coletiva da administração pública ou comissão parlamentar de inquérito, mediante intervenção pontual e sumária, para esclarecer equívoco ou dúvida surgida em relação a fatos, a documentos ou a afirmações que influam na decisão;

Garante ao advogado o uso da palavra, pela ordem, não só em juízo (como já previa o texto anterior), mas também em "Tribunais Administrativos", órgãos de deliberação coletiva da administração pública ou Comissão Parlamentar de Inquérito, mediante intervenção pontual e sumária.

A intenção do uso da palavra pela ordem é esclarecer equívocos ou dúvidas em relação a fatos, a documentos ou, ainda, a afirmações que influam na decisão.

> IMPORTANTE!
> Infelizmente, aqui, não foi garantido o direito de uso da palavra para replicar acusações ou censuras que forem feitas ao advogado em juízo.

Revogação do § 2° do art. 7° (O advogado tem imunidade profissional, não constituindo injúria, difamação puníveis qualquer manifestação de sua parte, no exercício de sua atividade, em juízo ou fora dele, sem prejuízo das sanções disciplinares perante a OAB, pelos excessos que cometer).

Foi suprimida, afastada a imunidade profissional do advogado quanto a excessos por ele cometidos.

IMPORTANTE!

Direito a Sustentação Oral

Poderá o advogado realizar a sustentação oral no recurso interposto contra a decisão monocrática de relator que julgar o mérito ou não conhecer dos seguintes recursos ou ações:

I – recurso de apelação;

II – recurso ordinário;

III – recurso especial;

IV – recurso extraordinário;

V – embargos de divergência;

VI – ação rescisória, mandado de segurança, reclamação, habeas corpus e outras ações de competência originária.

Com essa regulamentação de hipóteses mais precisas de sustentação oral, fica superado, ao menos parcialmente, o entendimento do Supremo Tribunal Federal (STF) firmado na Ação Direta de Inconstitucionalidade n° 1.105-7 (decisão essa que julgou inconstitucional o inciso IX do art. 7°, o qual garantia a sustentação oral em qualquer recurso o processo).

CUIDADO, CABEÇÃO!

Quanto a violação do escritório, local de trabalho e instrumentos de trabalho do advogado:

A medida judicial cautelar que importe na violação do escritório ou do local de trabalho do advogado será determinada em hipótese excepcional, desde que exista fundamento em indício, pelo órgão acusatório.

a) É vedada a determinação da medida cautelar se fundada exclusivamente em elementos produzidos em declarações do colaborador sem confirmação por outros meios de prova.

Objetivamente, a violação do escritório ou local de trabalho não pode ser determinada por decisão fundamentada apenas em informações recebidas de colaborador – será necessária a produção de outras provas, oriundas de outros meios.

b) O representante da OAB, ao acompanhar o cumprimento de mandado judicial contra o local de trabalho do advogado tem o direito a ser respeitado pelos agentes responsáveis pelo cumprimento do mandado de busca e apreensão, sob penade abuso de autoridade;

c) O representante da OAB tem o dever de zelar pelo fiel cumprimento do objeto da investigação, bem como de impedir que documentos, mídias e objetos não relacionados à investigação, especialmente de outros processos do mesmo cliente ou de outros clientes que não sejam pertinentes à persecução penal, sejam analisados, fotografados, filmados, retirados ou apreendidos do escritório de advocacia;

Objetivamente – não podem ser levados do escritório do advogado bens não relacionados a investigação, especialmente de outros processos e clientes (sequer tais bens poderão ser analisados ou copiados de qualquer forma ou meio).

Vale recordar que, no caso de inviabilidade técnica quanto à segregação da documentação, da mídia ou dos objetos não relacionados à investigação, em razão da sua natureza ou volume, deve-se exigir que a cadeia de custódia preserve o sigilo do seu conteúdo (em respeito a ideia de preservação do sigilo do conteúdo dos documentos (mídia e objetos) não relacionados a investigação – mesmo quando for impossível que tais sejam separados daqueles que forem/devam ser apreendidos).

d) Se por qualquer razão não for observado o sigilo das informações apreendidas e não relacionadas a investigação, o representante da OAB deverá informar (via relatório), a fim de que a OAB tome as providências que entender adequadas, podendo inclusive apresentar notícia-crime contra os envolvidos (os quais deverão ser nominados e identificados no relato apresentado pelo representante).

e) Quando da análise (perícia) da documentação apreendida, ficou garantido o direito – tanto do advogado investigado, quanto do representante da OAB – de acompanhar esta análise.

Nesse sentido, a autoridade responsável informará, com antecedência mínima de 24 (vinte e quatro) horas, à seccional da OAB a data, o horário e o local em que serão analisados os documentos e os equipamentos apreendidos, garantido o direito de acompanhamento, em todos os atos, pelo representante da OAB e pelo profissional investigado.

De forma excepcional, em casos de urgência devidamente fundamentada pelo juiz, a análise dos documentos e dos equipamentos apreendidos poderá acontecer em prazo inferior a 24 (vinte e quatro) horas, garantido o direito de acompanhamento, em todos os atos, pelo representante da OAB e pelo profissional investigado

f) É vedado ao advogado efetuar colaboração premiada contra quem seja ou tenha sido seu cliente.

O descumprimento desse dever importará em processo disciplinar – caso condenado a pena prevista será de exclusão (prevista no inciso III do caput do art. 35 do Estatuto), bem como às penas do crime de violação de segredo profissional, previstas no art. 154 do Código Penal.

Vale recordar, aqui, que as hipóteses de Exclusão estão previstas no art. 38 do Estatuto:

> Art. 38. A exclusão é aplicável nos casos de:
>
> I - aplicação, por três vezes, de suspensão;
>
> II - infrações definidas nos incisos XXVI a XXVIII do art. 34.
>
> Art. 34. Constitui infração disciplinar:
>
> XXVI - fazer falsa prova de qualquer dos requisitos para inscrição na OAB;
>
> XXVII - tornar-se moralmente inidôneo para o exercício da advocacia;
>
> XXVIII - praticar crime infamante;

Ou seja, como não ocorreu a inserção ou modificação em tais dispositivos, presume-se que o legislador esteja definindo que o advogado que fizer a colaboração premiada tornar-se-á moralmente inidôneo (definir como crime infamante não parece adequado).

Melhor, com certeza, teria sido que o legislador inserisse nos artigos 34 e 38 dispositivo específico quanto a colaboração premiada.

Inclusão dos §§ 14, 15 e 16 ao art. 7°

Foi atribuída competência privativa do Conselho Federal da OAB (dentro de processo disciplinar próprio) para dispor, analisar e decidir sobre a prestação efetiva do serviço jurídico realizado pelo advogado.

IMPORTANTE!

Fez a previsão de nulidade do "ato praticado com violação da competência privativa do Conselho Federal da OAB".

Na mesma linha e intenção, também foi fixada a competência privativa do Conselho Federal para analisar e decidir sobre "os honorários advocatícios dos serviços jurídicos realizados pelo advogado".

Verdadeiramente, tal dispositivo aprofunda o caráter da OAB como entidade singular de serviço público independente, na exata definição do STF na ADI nº 3.026.

c) COMUNICAÇÃO COM O CLIENTE – art. 7º, III

Tem direito o advogado a comunicar-se pessoal e reservadamente com seu cliente (mesmo sem procuração), ainda que o cliente esteja recolhido na condição de incomunicável.

d) PRISÃO EM FLAGRANTE DO ADVOGADO – art. 7º, IV

O advogado tem direito de, quando for preso em decorrência do exercício da profissão (da advocacia), ter a presença de representante na OAB na lavratura do flagrante.

> **CUIDADO, CABEÇÃO!**
>
> Importante referir que o motivo da prisão em flagrante tem que estar ligado ao exercício da advocacia.

E a lavratura do flagrante sem a presença de representante da ordem gerará a nulidade da prisão – art. 7º, § 3º.

> **IMPORTANTE!**
>
> Se a prisão acontecer por motivação não ligada ao exercício da advocacia, não será necessária a presença de representante da OAB (apenas a comunicação, para a OAB, de que o profissional foi preso – conforme parte final do inc. IV).

e) LOCAL DA PRISÃO – art. 7º, V

Tem direito o advogado, antes de sentença condenatória transitada em julgado, de ser recolhido preso em sala de Estado Maior (com instalação e comodidade condigna).

Nesse caso, para o reconhecimento desse direito, a motivação não importa (ou seja, mesmo que a prisão tenha origem em crime não ligado ao exercício da advocacia, ainda assim terá o advogado a prerrogativa de local especial para sua prisão).

> **DICA OLHOS DE TIGRE:**
>
> Conforme previsão expressa do inc. V e segundo decisões reiteradas do STF, a falta de instalações condignas para receber o advogado lhe garantem o direito de prisão domiciliar (sempre até o trânsito em julgado da decisão condenatória).

> **IMPORTANTE!**
>
> A violação das prerrogativas de inviolabilidade do local de trabalho, do direito de acesso ao cliente (de forma pessoal e reservada – sem a necessidade de procuração), da prisão em flagrante no exercício da profissão e do local da prisão (antes do trânsito em julgado da sentença penal condenatória) é considerada crime, na forma da tipificação do art. 7°-B do Estatuto (inclusive teve a pena majorada na lei 14.365/2022):
>
> > Art. 7°-B Constitui crime violar direito ou prerrogativa de advogado previstos nos incisos II, III, IV e V do *caput* do art. 7° desta Lei:
> >
> > Pena - detenção, de 2 (dois) a 4 (quatro) anos, e multa

f) RELAÇÃO COM MAGISTRADO – art. 7°, VIII

Possibilidade de conversar com o juiz, independentemente de hora marcada (ser atendido), tendo o direito de, caso ocorra atraso injustificado superior a 30 minutos para o início do ato judicial (em decorrência da ausência do magistrado), retirar-se (informando tal atitude formalmente – art. 7°, XX).

Também é garantido acesso livre ao advogado a órgãos do Poder Judiciário ou de qualquer outro serviço público (art. 7°, VI), bem como permanecer em pé ou sentado em quaisquer desses lugares definidos no inc. VI (conforme previsão do inc. VII), podendo retirar-se sem pedir licença (no caso de o advogado retirar-se com fundamento no atraso injustificado da autoridade, a audiência deverá ser adiada, conforme previsão do art. 362, III, do CPC).

> **IMPORTANTE!**
>
> O simples atraso na audiência não dá ao advogado a prerrogativa prevista no inc. XX do art. 7° – o atraso deve ser da autoridade e injustificado.

g) EXAME DE AUTOS – art. 7°, XIII

Direito examinar, em qualquer órgão dos Poderes Judiciário e Legislativo, ou da Administração Pública em geral, autos de processos findos ou em andamento, mesmo sem procuração, quando não estiverem sujeitos a sigilo ou segredo de justiça, assegurada a obtenção de cópias, com possibilidade de tomar apontamentos.

h) EXAME DE INQUÉRITO POLICIAL (E PEÇAS DE FLAGRANTE) – art. 7°, XIV

Tem direito o advogado de fazer cópias e apontamentos de autos de prisão em flagrante ou inquérito policial, findo ou em andamento (ainda que concluso à autoridade), mesmo sem procuração.

Será necessária a procuração apenas quando o Inquérito Policial estiver sob sigilo (segredo de justiça).

IMPORTANTE!

É prerrogativa do advogado estar com o cliente investigado durante a apuração das infrações (art. 7º, XXI), podendo apresentar razões e quesitos (perguntas).

DICA OLHOS DE TIGRE:

O desrespeito aos direitos/prerrogativas previstos nos incs. II (inviolabilidade do local de trabalho), III (comunicação com cliente), IV (prisão em flagrante) e V (cela especial) configuram crime, conforme previsão expressa do art. 7º-B do Estatuto.

IMPORTANTE!

Recordar os deveres dos advogados inserido no art. 2º do Código de Ética e Disciplina:

> Art. 2º O advogado, indispensável à administração da Justiça, é defensor do Estado Democrático de Direito, dos direitos humanos e garantias fundamentais, da cidadania, da moralidade, da Justiça e da paz social, cumprindo-lhe exercer o seu ministério em consonância com a sua elevada função pública e com os valores que lhe são inerentes.
>
> Parágrafo único. São deveres do advogado:
>
> I – preservar, em sua conduta, a honra, a nobreza e a dignidade da profissão, zelando pelo caráter de essencialidade e indispensabilidade da advocacia;
>
> II – atuar com destemor, independência, honestidade, decoro, veracidade, lealdade, dignidade e boa-fé;
>
> III – velar por sua reputação pessoal e profissional;
>
> IV – empenhar-se, permanentemente, no aperfeiçoamento pessoal e profissional;
>
> V – contribuir para o aprimoramento das instituições, do Direito e das leis;
>
> VI – estimular, a qualquer tempo, a conciliação e a mediação entre os litigantes, prevenindo, sempre que possível, a instauração de litígios;
>
> VII – desaconselhar lides temerárias, a partir de um juízo preliminar de viabilidade jurídica;
>
> VIII – abster-se de:
>
> a) utilizar de influência indevida, em seu benefício ou do cliente;

IMPORTANTE!

b) vincular seu nome ou nome social a empreendimentos sabidamente escusos;

c) emprestar concurso aos que atentem contra a ética, a moral, a honestidade e a dignidade da pessoa humana

d) entender-se diretamente com a parte adversa que tenha patrono constituído, sem o assentimento deste;

e) ingressar ou atuar em pleitos administrativos ou judiciais perante autoridades com as quais tenha vínculos negociais ou familiares;

f) contratar honorários advocatícios em valores aviltantes.

IX – pugnar pela solução dos problemas da cidadania e pela efetivação dos direitos individuais, coletivos e difusos;

X – adotar conduta consentânea com o papel de elemento indispensável à administração da Justiça;

XI – cumprir os encargos assumidos no âmbito da Ordem dos Advogados do Brasil ou na representação da classe;

XII – zelar pelos valores institucionais da OAB e da advocacia;

XIII – ater-se, quando no exercício da função de defensor público, à defesa dos necessitados.

QUESTÕES PARA ESTUDO

- **Prova: FGV – 2019 – OAB – Exame de Ordem Unificado – XXIX – Primeira Fase**

O advogado João, conselheiro em certo Conselho Seccional da OAB, foi condenado, pelo cometimento de crime de tráfico de influência, a uma pena privativa de liberdade. João respondeu ao processo todo em liberdade, apenas tendo sido decretada a prisão após o trânsito em julgado da sentença condenatória. Quanto aos direitos de João, considerando o disposto no Estatuto da Advocacia e da OAB, assinale a afirmativa correta.

a) João tem direito à prisão domiciliar em razão de suas atividades profissionais, ou à prisão em sala de Estado Maior, durante todo o cumprimento da pena que se inicia, a critério do juiz competente.

b) João tem direito a ser preso em sala de Estado Maior durante o cumprimento integral da pena que se inicia. Apenas na falta desta, em razão de suas atividades profissionais, terá direito à prisão domiciliar.

c) João não tem direito a ser preso em sala de Estado Maior em nenhum momento do cumprimento da pena que se inicia, nem terá direito, em decorrência de suas atividades profissionais, à prisão domiciliar.
d) João tem direito a ser preso em sala de Estado Maior apenas durante o transcurso de seu mandato como conselheiro, mas não terá direito, em decorrência de suas atividades profissionais, à prisão domiciliar.

RESPOSTA: LETRA C – Art. 7º, V, do Estatuto da Advocacia e da Ordem dos Advogados do Brasil.

- **Prova: FGV – 2019 – OAB – Exame de Ordem Unificado – XXIX – Primeira Fase**

O advogado X foi preso em flagrante enquanto furtava garrafas de vinho, de valor bastante expressivo, em determinado supermercado. Conduzido à delegacia, foi lavrado o auto de prisão em flagrante, sem a presença de representante da OAB. Com base no disposto no Estatuto da Advocacia e da OAB, assinale a afirmativa correta.

a) A lavratura do auto de prisão em flagrante foi eivada de nulidade, em razão da ausência de representante da OAB, devendo a prisão ser relaxada.
b) A lavratura do auto de prisão em flagrante não é viciada, desde que haja comunicação expressa à seccional da OAB respectiva.
c) A lavratura do auto de prisão em flagrante foi eivada de nulidade, em razão da ausência de representante da OAB, devendo ser concedida liberdade provisória não cumulada com aplicação de medidas cautelares diversas da prisão.
d) A lavratura do auto de prisão em flagrante não é viciada e independe de comunicação à seccional da OAB respectiva.

RESPOSTA: LETRA B – Art. 7º, IV, do Estatuto da Advocacia e da Ordem dos Advogados do Brasil.

- **Prova: FGV – 2018 – OAB – Exame de Ordem Unificado – XXVI – Primeira Fase**

O advogado Fred dirigiu se, em certa ocasião, a uma delegacia de polícia e a um presídio, a fim de entrevistar clientes seus que se encontravam, respectivamente, prestando depoimento e preso. Na mesma data, o advogado Jorge realizou audiências na sede de um juizado especial cível e no interior de certo fórum regional da comarca. Considerando o disposto no Estatuto da Advocacia e da OAB, assinale a afirmativa correta.

a) É direito de Fred e Jorge a instalação de salas especiais permanentes para os advogados nos seguintes locais visitados: sede do juizado especial cível e fórum regional da comarca. Quanto aos demais, embora seja recomendável a existência de salas especiais, não há dever legal de instalação.
b) É direito de Fred e Jorge a instalação de salas especiais permanentes para os advogados em todos os locais visitados. Quanto aos quatro locais, há dever legal de instalação das salas.
c) É direito de Fred e Jorge a instalação de salas especiais permanentes para os advogados nos seguintes locais visitados: sede do juizado

especial cível, fórum regional da comarca e presídio. Quanto à delegacia de polícia, embora seja recomendável a existência de salas especiais, não há dever legal de instalação.

d) É direito de Fred e Jorge a instalação de salas especiais permanentes para os advogados nos seguintes locais visitados: fórum regional da comarca e presídio. Quanto aos demais, embora seja recomendável a existência de salas especiais, não há dever legal de instalação.

RESPOSTA: LETRA B – Art. 7º, § 4º, do Estatuto da Advocacia e da Ordem dos Advogados do Brasil.

- **Prova: FGV – 2017 – OAB – Exame de Ordem Unificado – XXIV – Primeira Fase**

Tânia, advogada, dirigiu se à sala de audiências de determinada Vara Criminal, a fim de acompanhar a realização das audiências designadas para aquele dia em feitos nos quais não oficia. Tânia verificou que os processos não envolviam segredo de justiça e buscou ingressar na sala de audiências no horário designado. Não obstante, certo funcionário deu lhe duas orientações. A primeira orientação foi de que ela não poderia permanecer no local se todas as cadeiras estivessem ocupadas, pois não seria autorizada a permanência de advogados de pé, a fim de evitar tumulto na sala. A segunda orientação foi no sentido de que, caso ingressassem na sala, Tânia e os demais presentes não poderiam sair até o fim de cada ato, salvo se houvesse licença do juiz, para evitar que a entrada e saída de pessoas atrapalhasse o regular andamento das audiências. Considerando o caso narrado, assinale a afirmativa correta.

a) A primeira orientação dada pelo funcionário viola os direitos assegurados ao advogado, pois Tânia possui o direito de permanecer, mesmo que de pé, na sala de audiências. Todavia, a segunda orientação coaduna se com o poder dever do magistrado de presidir e evitar tumulto no ato judicial, não violando, por si, direitos normatizados no Estatuto da OAB.
b) A segunda orientação dada pelo funcionário viola os direitos assegurados ao advogado, pois Tânia possui o direito de retirar-se a qualquer momento, independentemente de licença do juiz, da sala de audiências. Todavia, a primeira orientação coaduna-se com o poder dever do magistrado de presidir e evitar tumulto no ato judicial, não violando, por si, direitos normatizados no Estatuto da OAB.
c) Ambas as orientações violam os direitos assegurados, pelo Estatuto da OAB, ao advogado, pois Tânia possui o direito de permanecer, mesmo que de pé, na sala de audiências, bem como de se retirar a qualquer momento, independentemente de licença do juiz.
d) Nenhuma das orientações viola os direitos assegurados ao advogado, pois se coadunam com o poder dever do magistrado de presidir e evitar tumulto no ato judicial, não contrariando, por si sós, direitos normatizados no Estatuto da OAB.

RESPOSTA: LETRA C – Art. 7º, VII, do Estatuto da Advocacia e da Ordem dos Advogados do Brasil.

- **Prova: FGV – 2016 – OAB – Exame de Ordem Unificado – XXI – Primeira Fase**

Adolfo, policial militar, consta como envolvido em fato supostamente violador da integridade física de terceiros, apurado em investigação preliminar perante a Polícia Militar. No curso desta investigação, Adolfo foi notificado a prestar declarações e, desde logo, contratou a advogada Simone para sua defesa. Ciente do ato, Simone dirige-se à unidade respectiva, pretendendo solicitar vista quanto aos atos já concluídos da investigação e buscando tirar cópias com seu aparelho celular. Além disso, Simone intenta acompanhar Adolfo durante o seu depoimento designado.

Considerando o caso narrado, assinale a afirmativa correta.

a) É direito de Simone, e de seu cliente Adolfo, que a advogada examine os autos da investigação, no que se refere aos atos já concluídos e documentados, porém, a possibilidade de emprego do telefone celular para tomada de cópias fica a critério da autoridade responsável pela investigação. Também é direito de ambos que Simone esteja presente no depoimento de Adolfo, sob pena de nulidade absoluta do ato e de todos os elementos investigatórios dele decorrentes.

b) É direito de Simone, e de seu cliente Adolfo, que a advogada examine os autos, no que se refere aos atos já concluídos e documentados, bem como empregue o telefone celular para tomada de cópias digitais, o que não pode ser obstado pela autoridade responsável pela investigação. Também é direito de ambos que Simone esteja presente no depoimento de Adolfo, sob pena de nulidade absoluta do ato e de todos os elementos investigatórios dele decorrentes.

c) É direito de Simone, e de seu cliente Adolfo, que a advogada examine os autos, no que se refere aos atos já concluídos e documentados, bem como empregue o telefone celular para tomada de cópias digitais, o que não pode ser obstado pela autoridade responsável pela investigação. Também é direito de ambos que Simone esteja presente no depoimento de Adolfo, sob pena de nulidade relativa apenas do ato em que embaraçava a sua presença.

d) Considerando cuidar-se de mera investigação preliminar, Simone não possui o direito de examinar os atos já concluídos e documentados ou tomar cópias. Do mesmo modo, por não se tratar de interrogatório formal, mas mera investigação preliminar, sujeita à disciplina da legislação castrense, não configura nulidade se obstada a presença de Simone no depoimento de Adolfo.

RESPOSTA: LETRA B – Art. 7º do Estatuto da Advocacia e da Ordem dos Advogados do Brasil.

A utopia está lá no horizonte. Me aproximo
dois passos, ela se afasta dois passos.
Caminho dez passos e o horizonte corre dez passos.
Por mais que eu caminhe, jamais alcançarei.
Para que serve a utopia?
Serve para isso: para que eu não deixe de caminhar.

Eduardo Galeano

16

DESAGRAVO
(ART. 7º, XVII, § 5º, DO ESTATUTO E ARTS. 18 E 19 DO REGULAMENTO GERAL)

Por primeiro, é importante referir que o desagravo é uma prerrogativa, um direito do advogado (conforme define o Estatuto).

Depois:

O desagravo é forma que a OAB tem, como instituição de classe, para responder a ofensas exaradas contra advogados no exercício (ou em razão) da profissão.

Como a ofensa atinge não só o advogado, mas todos os advogados, o pedido pode ser feito por qualquer pessoa (e também, nessa mesma linha, o desagravo não depende de concordância do ofendido, que não pode dispensá-lo, devendo ser promovido a critério do Conselho).

Quem decide se haverá ou não o desagravo é o Conselho Seccional – no caso de urgência, poderá a diretoria do Conselho conceder imediatamente o desagravo, *ad referendum* do órgão competente do Conselho.

Não sendo caso de urgência, o pedido será analisado, inclusive com a ouvida da pessoa ou autoridade que proferiu as ofensas.

DICA OLHOS DE TIGRE: O pedido de desagravo deverá ser decidido no prazo máximo de 60 (sessenta) dias. Deferido o pedido de desagravo, a sessão deverá ocorrer no prazo máximo de 30 (trinta) dias – de preferência, no local da ofensa ou onde se encontre a autoridade ofensora.

Resumo quanto ao desagravo:

- *QUEM AUTORIZA*: o Conselho Seccional (art. 18, *caput* e § 1º, do Regulamento Geral).

> **CUIDADO, CABEÇÃO!**
>
> Em caso de urgência, pode ser autorizado pela Diretoria do Conselho Seccional (*ad referendum* dos Conselheiros) – art. 18, § 1º, do Regulamento Geral.

- EXCEÇÃO: Será de competência do Conselho Federal autorizar o desagravo quando forem ofendidos Conselheiro Federal ou Presidente de Conselho Seccional (sendo a ofensa em decorrência do exercício dessas funções); da mesma forma, também será de atribuição do Conselho Federal quando a ofensa tiver repercussão nacional – art. 19 do Regulamento Geral.
- *QUEM PEDE*: pode ser determinado de ofício e pedido pelo ofendido ou por qualquer pessoa (art. 18, *caput*, do Regulamento Geral).

⦿ Generalidades

a) Não depende da concordância do advogado ofendido (art. 18, § 9º, do Regulamento Geral);

b) Pode ser determinada a ouvida do ofensor (art. 18, § 2º, do Regulamento Geral) – mas tal ouvida não é obrigatória (o ofensor não ser ouvido ou não se manifestar não gera nenhum tipo de nulidade);

c) Uma vez iniciado o procedimento para identificar a necessidade (ou não) do desagravo, tal pedido deve ser decidido no prazo máximo de 60 (sessenta) dias (art. 18, § 5º, do Regulamento Geral);

d) Autorizado o desagravo, a sessão deverá acontecer no prazo máximo de 30 (trinta) dias (contado da decisão que autorizou – art. 18, § 6º, do Regulamento Geral);

e) Deve acontecer (a sessão de desagravo) no local onde houve a ofensa ou onde se encontre a autoridade ofensora (art. 18, § 7º, do Regulamento Geral);

f) O desagravo será indeferido (art. 18, § 3º, do Regulamento Geral):

I – Se a ofensa for pessoal (não refletir na classe dos advogados);

II – Se a ofensa não estiver relacionada ao exercício profissional ou às prerrogativas;

III – Se a ofensa for oriunda de crítica de caráter doutrinário, religioso ou político.

QUESTÕES PARA ESTUDO

- **Prova: FGV – 2018 – OAB – Exame de Ordem Unificado – XXVII – Primeira Fase**

O advogado Mário dos Santos, presidente do Conselho Seccional Y da OAB, foi gravemente ofendido em razão do seu cargo, gerando violação a prerrogativas profissionais. O fato obteve grande repercussão no país. Considerando o caso narrado, de acordo com o Regulamento Geral do Estatuto da Advocacia e da OAB, assinale a afirmativa correta.

a) Compete ao Conselho Seccional Y da OAB promover o desagravo público, ocorrendo a sessão na sede do Conselho Seccional Y.

b) Compete ao Conselho Federal da OAB promover o desagravo público, ocorrendo a sessão na sede do Conselho Federal.

c) Compete ao Conselho Seccional Y da OAB promover o desagravo público, ocorrendo a sessão na sede da subseção do território em que ocorreu a violação a prerrogativas profissionais.

d) Compete ao Conselho Federal da OAB promover o desagravo público, ocorrendo a sessão na sede do Conselho Seccional Y.

RESPOSTA: LETRA D – Art. 19 do Regulamento Geral do Estatuto da Advocacia e da OAB.

- **Prova: FGV – 2016 – OAB – Exame de Ordem Unificado – XX – Primeira Fase**

Júlia é advogada de Fernando, réu em processo criminal de grande repercussão social. Em um programa vespertino da rádio local, o apresentador, ao comentar o caso, afirmou que Júlia era "advogada de porta de cadeia" e "ajudante de bandido". Ouvinte do programa, Rafaela procurou o Conselho Seccional da OAB e pediu que fosse promovido o desagravo público. Júlia, ao tomar conhecimento do pedido de Rafaela, informou ao Conselho Seccional da OAB que o desagravo não era necessário, pois já ajuizara ação para apurar a responsabilidade civil do apresentador. No caso narrado,

a) o pedido de desagravo público só pode ser formulado por Júlia, que é a pessoa ofendida em razão do exercício profissional.

b) o pedido de desagravo pode ser formulado por Rafaela, mas depende da concordância de Júlia, que é a pessoa ofendida em razão do exercício profissional.

c) o pedido de desagravo pode ser formulado por Rafaela, e não depende da concordância de Júlia, apesar de esta ser a pessoa ofendida em razão do exercício profissional.

d) o pedido de desagravo público só pode ser formulado por Júlia, que é a pessoa ofendida em razão do exercício profissional, mas o ajuizamento de ação para apurar a responsabilidade civil implica a perda de objeto do desagravo.

RESPOSTA: LETRA C – Art. 18 do Regulamento Geral do Estatuto da Advocacia e da OAB.

Não se nasce mulher: torna-se.

Simone de Beauvoir

17

DIREITOS DA MULHER ADVOGADA (ART. 7º-A DO ESTATUTO)

Fixou o Estatuto, no art. 7°-A, uma série de direitos que a advogada mulher possui, especificamente aquela que for gestante, lactante, que der à luz ou adotar. Perceba-se, então:

I) Advogada GESTANTE (art. 7°-A, I, do Estatuto) tem o direito de:

1. Não se submeter a detector de metais ou aparelhos de raios X ao acessar órgãos públicos ou privados (*a*);
2. Vaga em garagem de fóruns e Tribunais (*b*); e
3. Preferência em sustentações orais, julgamentos e audiências (art. 7°-A, III).

II) Advogada LACTANTE/ADOTANTE/DEU À LUZ tem direito a:

1. Acesso a creche (art. 7°-A, III);
2. Preferência em sustentações orais, julgamentos e audiências (art. 7°-A, III).

III) Advogada ADOTANTE e que DEU À LUZ tem direito à suspensão de prazos processuais (desde que seja a única advogada do cliente e que o tenha notificado – arts. 7°-A, IV, e 313, IX, do CPC).

Tal suspensão será de 30 (trinta) dias, conforme o art. 313, § 6°, do CPC.

IMPORTANTE!

Esse direito (de suspensão de prazos processuais – sendo o único procurador e notificando o cliente) foi estendido ao ADVOGADO que adotar ou cuja esposa der à luz (art. 313, X, do CPC) – ressalte-se que, para o advogado homem, o prazo de suspensão será de 8 (oito) dias (art. 313, § 7°, do CPC).

QUESTÕES PARA ESTUDO

- **Prova: FGV – 2018 – OAB – Exame de Ordem Unificado – XXVII – Primeira Fase**

A advogada Mariana, gestante, ao ingressar em certo Tribunal de Justiça, foi solicitada a passar por aparelho de raios X e por detector de metais. Considerando o caso narrado, de acordo com o Estatuto da Advocacia e da OAB, assinale a afirmativa correta.

a) Mariana tem o direito de não ser submetida a aparelho de raios X, embora deva passar pelo detector de metais, independentemente de motivação.
b) Mariana tem o direito de não ser submetida a aparelho de raios X. Quanto ao detector de metais, deverá passar pelo aparelho apenas se evidenciada situação especial de segurança, em ato motivado.
c) Mariana deverá, por medida de segurança, passar pelo aparelho de raios X e pelo detector de metais, a menos que haja contraindicação médica expressa.
d) Mariana tem o direito, independentemente do teor da alegação sobre segurança, de não ser submetida ao detector de metais, nem ao aparelho de raios X.

RESPOSTA: LETRA D – Art. 7º-A, I, *a*, do Estatuto da Advocacia e da Ordem dos Advogados do Brasil.

- **Prova: FGV – 2017 – OAB – Exame de Ordem Unificado – XXIV – Primeira Fase**

A advogada Ana encontra-se no quinto mês de gestação. Em razão de exercer a profissão como única patrona nas causas em que atua, ela receia encontrar algumas dificuldades durante a gravidez e após o parto. Considerando o caso narrado, assinale a afirmativa correta.

a) O Estatuto da OAB confere a Ana o direito de entrar nos tribunais sem submissão aos detectores de metais, vagas reservadas nas garagens dos fóruns onde atuar, preferência na ordem das audiências a serem realizadas a cada dia e suspensão dos prazos processuais quando der à luz.
b) O Estatuto da OAB não dispõe sobre direitos especialmente conferidos às advogadas grávidas, mas aplicam se a Ana as disposições da CLT relativas à proteção à maternidade e à trabalhadora gestante.
c) O Estatuto da OAB confere a Ana o direito de entrar nos tribunais sem submissão aos detectores de metais e preferência na ordem das audiências a serem realizadas a cada dia, mas não dispõe sobre vagas

reservadas nas garagens dos fóruns e suspensão dos prazos processuais quando der à luz.

d) O Estatuto da OAB confere a Ana o direito de entrar nos tribunais sem submissão aos detectores de metais, preferência na ordem das audiências a serem realizadas a cada dia e vagas reservadas nas garagens dos fóruns, mas não dispõe sobre suspensão dos prazos processuais quando der à luz.

RESPOSTA: LETRA A – Art. 7º-A, I, *a*, do Estatuto da Advocacia e da Ordem dos Advogados do Brasil.

- **Prova: FGV – 2017 – OAB – Exame de Ordem Unificado – XXII – Primeira Fase**

Viviane, Paula e Milena são advogadas. Viviane acaba de dar à luz, Paula adotou uma criança e Milena está em período de amamentação. Diante da situação narrada, de acordo com o Estatuto da OAB, assinale a afirmativa correta.

a) Viviane e Milena têm direito a reserva de vaga nas garagens dos fóruns dos tribunais.

b) Viviane e Paula têm direito à suspensão de prazos processuais, em qualquer hipótese, desde que haja notificação por escrito ao cliente.

c) Viviane, Paula e Milena têm direito de preferência na ordem das audiências a serem realizadas a cada dia, mediante comprovação de sua condição.

d) Paula e Milena têm direito a entrar nos tribunais sem serem submetidas a detectores de metais e aparelhos de raio X.

RESPOSTA: LETRA C – Art. 7º, III, do Estatuto da Advocacia e da Ordem dos Advogados do Brasil.

Os lugares mais quentes do inferno são destinados aos que, em tempo de grandes crises, mantêm se neutros.

Dante Alighieri

18

DEVERES DO ADVOGADO

Inicialmente, é imprescindível fixar e recordar que o advogado deve ter consciência de que o Direito é um meio de mitigar as desigualdades para o encontro de soluções justas e que a lei é um instrumento para garantir a igualdade de todos.

Exatamente por isso, o exercício da advocacia é incompatível com qualquer procedimento de mercantilização.

E, importante – seja em juízo ou na via administrativa, é totalmente proibido ao advogado expor os fatos falseando deliberadamente a verdade e utilizando de má-fé.

Nessa linha, vale recordar alguns dos deveres expressamente estabelecidos e fixados no Código de Ética e Disciplina – assim, são deveres do Advogado:

- preservar, em sua conduta, a honra, a nobreza e a dignidade da profissão, zelando pelo caráter de essencialidade e indispensabilidade da advocacia;
- atuar com destemor, independência, honestidade, decoro, veracidade, lealdade, dignidade e boa-fé;
- velar por sua reputação pessoal e profissional;
- empenhar-se, permanentemente, no aperfeiçoamento pessoal e profissional;
- contribuir para o aprimoramento das instituições, do Direito e das leis;
- estimular, a qualquer tempo, a conciliação e a mediação entre os litigantes, prevenindo, sempre que possível, a instauração de litígios;

- desaconselhar lides temerárias, a partir de um juízo preliminar de viabilidade jurídica;

Abster-se de:

1. utilizar de influência indevida, em seu benefício ou do cliente;
2. vincular seu nome ou nome social a empreendimentos sabidamente escusos;
3. emprestar concurso aos que atentem contra a ética, a moral, a honestidade e a dignidade da pessoa humana;
4. entender-se diretamente com a parte adversa que tenha patrono constituído, sem o assentimento deste;
5. ingressar ou atuar em pleitos administrativos ou judiciais perante autoridades com as quais tenha vínculos negociais ou familiares;
6. contratar honorários advocatícios em valores aviltantes;
7. pugnar pela solução dos problemas da cidadania e pela efetivação dos direitos individuais, coletivos e difusos;
8. adotar conduta consentânea com o papel de elemento indispensável à administração da Justiça;
9. cumprir os encargos assumidos no âmbito da Ordem dos Advogados do Brasil ou na representação da classe;
10. zelar pelos valores institucionais da OAB e da advocacia;
11. ater-se, quando no exercício da função de defensor público, à defesa dos necessitados.

⦿ Cuidado!

O advogado, ainda que vinculado ao cliente (por contrato de trabalho, por contrato de prestação permanente de serviços, ou como integrante de departamento jurídico, ou de órgão de assessoria jurídica, público ou privado), deve zelar pela sua liberdade e independência.

Nessa linha, tem direito (e dever) o advogado de recusar o patrocínio de causa e de manifestação, no âmbito consultivo, de pretensão relacionada a direito que também lhe seja aplicável ou contrarie orientação que tenha manifestado anteriormente.

DICA OLHOS DE TIGRE:

É vedado o oferecimento de serviços profissionais que implique, direta ou indiretamente, angariar ou captar clientela.

19

SIGILO PROFISSIONAL
(ARTS. 35 A 38 DO CÓDIGO DE ÉTICA E DISCIPLINA)

O sigilo profissional do advogado é inerente à profissão (art. 35 do Código de Ética e Disciplina), não dependendo de cláusula de confidencialidade (é de ordem pública, não há necessidade de solicitação – art. 36 do CED).

E, importante: abrange toda e qualquer comunicação entre cliente e advogado – todas são confidenciais (art. 36, § 1°, do CED).

OBSERVAÇÃO:

Advogado que atuar como mediador ou conciliador também tem o dever de respeitar o sigilo profissional (art. 36, § 2°, do CED).

DICA OLHOS DE TIGRE:

Caso seja o advogado arrolado como testemunha e as perguntas digam respeitos a fatos que ele tomou conhecimento em decorrência do sigilo, lhe será autorizado e reconhecido o direito de não depor (arts. 38 do CED e 7°, XIX, do Estatuto) – **por ser de ordem pública, o sigilo profissional não pode ser desrespeitado nem com a autorização expressa do cliente**.

CUIDADO, CABEÇÃO!

EXCEÇÕES – Quando será possível quebrar o sigilo profissional (art. 37 do CED):

- grave ameaça ao direito à vida, à honra; ou
- quando o advogado se veja afrontado pelo próprio cliente, ou seja, em defesa própria (tenha que revelar segredo restrito ao interesse da sua defesa).

QUESTÕES PARA ESTUDO

- **Prova: FGV – 2018 – OAB – Exame de Ordem Unificado – XXVI – Primeira Fase**

Rafaela, advogada, atua como árbitra em certa lide. Lena, também regularmente inscrita como advogada perante a OAB, exerce atualmente a função de mediadora. Ambas, no exercício de suas atividades, tomaram conhecimento de fatos relativos às partes envolvidas. Todavia, apenas foi solicitado a Rafaela que guardasse sigilo sobre tais fatos. Considerando o caso narrado, assinale a afirmativa correta.

a) Apenas Rafaela, no exercício da profissão, submete-se ao dever de guardar sigilo dos fatos de que tomou conhecimento. O dever de sigilo cederá em face de circunstâncias excepcionais que configurem justa causa, como nos casos de grave ameaça aos direitos à vida e à honra, bem como em caso de defesa própria.

b) Apenas Lena, no exercício da profissão, submete-se ao dever de guardar sigilo dos fatos de que tomou conhecimento. O dever de sigilo cederá em face de circunstâncias excepcionais que configurem justa causa, como nos casos de grave ameaça aos direitos à vida e à honra, bem como em caso de defesa própria.

c) Ambas as advogadas, no exercício da profissão, submetem se ao dever de guardar sigilo dos fatos de que tomaram conhecimento. O dever de sigilo cederá em face de circunstâncias excepcionais que configurem justa causa, como nos casos de grave ameaça aos direitos à vida e à honra, bem como em caso de defesa própria.

d) Apenas Rafaela, no exercício da profissão, submete-se ao dever de guardar sigilo dos fatos de que tomou conhecimento. O dever de sigilo cederá em face de circunstâncias excepcionais que configurem justa causa, como nos casos de grave ameaça aos direitos à vida e à honra. Porém, não se admite a relativização do dever de sigilo para exercício de defesa própria.

RESPOSTA: LETRA C – Arts. 35, 36, § 2º, e 37 do Código de Ética e Disciplina da OAB.

- **Prova: FGV – 2016 – OAB – Exame de Ordem Unificado – XX – Primeira Fase**

Michael foi réu em um processo criminal, denunciado pela prática do delito de corrupção passiva. Sua defesa técnica no feito foi realizada pela advogada Maria, que, para tanto, teve acesso a comprovantes de rendimentos e extratos da conta bancária de Michael. Tempos após o término do processo penal, a ex-mulher de Michael ajuizou demanda, postulando, em face dele, a prestação de alimentos. Ciente de que Maria conhecia os rendimentos de Michael, a autora arrolou a advogada como testemunha. Considerando o caso narrado e o disposto no Código de Ética e Disciplina da OAB, assinale a afirmativa correta.

a) Maria deverá depor como testemunha, prestando compromisso de dizer a verdade, e revelar tudo o que souber, mesmo que isto prejudique Michael, uma vez que não é advogada dele no processo de natureza cível.

b) Maria deverá depor como testemunha, mesmo que isto prejudique Michael, uma vez que não é advogada dele no processo de natureza cível, mas terá o direito e o dever de se calar apenas quanto às informações acobertadas pelo sigilo bancário de Michael.
c) Maria deverá recursar-se a depor como testemunha, exceto se Michael expressamente autorizá la, caso em que deverá informar o que souber, mesmo que isto prejudique Michael.
d) Maria deverá recursar-se a depor como testemunha, ainda que Michael expressamente lhe autorize ou solicite que revele o que sabe.

RESPOSTA: LETRA D – Arts. 38 do Código de Ética e Disciplina da OAB e 7º, XIX, do Estatuto.

Se é lei, que rege o escuro pensamento,
Ser vã toda a pesquisa da verdade,
Em vez de luz achar a escuridão,
Ser uma queda nova cada invento;
É lei também, embora cru tormento,
Buscar, sempre buscar a claridade,
E só ter como certa a realidade
O que nos mostra claro o entendimento.

Antero de Quental

20

INCOMPATIBILIDADE E IMPEDIMENTO (ARTS. 27 A 30 DO ESTATUTO)

Incompatibilidade é a proibição total do exercício da advocacia, já impedimento é a proibição parcial (limitação) do exercício da advocacia.

A incompatibilidade pode ser definitiva (gerará o cancelamento da inscrição) ou temporária (circunstância que acarretará o licenciamento da inscrição).

> **IMPORTANTE!** O impedimento não gera licenciamento ou cancelamento; o advogado impedido pode advogar, tendo carteira da OAB (apenas exercerá a advocacia com algumas limitações).

20.1 CAUSAS QUE GERAM A INCOMPATIBILIDADE (ART. 28 DO ESTATUTO)

São as seguintes:

- Membros da mesa do poder legislativo;
- Juízes / MP / Tribunal de Contas;
- Funcionário público com cargo de direção (poder de mando);
- Serventuário do Poder Judiciário (todos) – inclusive dos cartórios extrajudiciais;
- Atividade policial (qualquer uma);

- Militar na ativa;
- Responsáveis por lançamento/arrecadação/fiscalização de tributos;
- Gerente/diretor de banco público/privado;
- Cargo ou função na administração pública direta ou indireta com poder de mando sobre terceiros.

DICA OLHOS DE TIGRE:

Art. 28, § 2°, do Estatuto – Não se incluem nas hipóteses do inc. III os que não detenham poder de decisão relevante sobre interesses de terceiro, a juízo do conselho competente da OAB, **bem como a administração acadêmica diretamente relacionada ao magistério jurídico**.

Ou seja – **não têm incompatibilidade Diretor ou Coordenador de Curso/Faculdade de Direito de Universidade Pública**.

DICA OLHOS DE TIGRE:

Gerente de banco (público ou privado) não pode advogar; no entanto, o gerente jurídico de banco o pode, exclusivamente, para o banco.

IMPORTANTE!

O Art. 8° do Estatuto tem o seguinte texto:

A incompatibilidade prevista no art. 28, II do Estatuto, não se aplica aos advogados que participam dos órgãos nele referidos, na qualidade de titulares ou suplentes, como representantes dos advogados.

§ 1° Ficam, entretanto, impedidos de exercer a advocacia perante os órgãos em que atuam, enquanto durar a investidura.

§ 2° A indicação dos representantes dos advogados nos juizados especiais deverá ser promovida pela Subseção ou, na sua ausência, pelo Conselho Seccional.

O caput prevê que a previsão de proibição do exercício da advocacia (28, II - junto aos Tribunais) não se aplica quando a função do advogado for de representante da OAB (exemplo clássico são os TREs e TSE, onde o advogado é indicado para ser julgador como representante da OAB, não incidindo incompatibilidade).

O parágrafo primeiro prevê, no exemplo acima, o impedimento de atuar nestes tribunais.

20.2 CAUSAS QUE GERAM O IMPEDIMENTO (ART. 30 DO ESTATUTO)

São as seguintes:

- **Funcionário público – contra a Fazenda Pública que o remunera (art. 30, I, do Estatuto)**

Em resumo, funcionário público com poder de mando – INCOMPATÍVEL; funcionário público que não tem poder de mando – IMPEDIMENTO (de advogar contra quem o remunera).

> DICA OLHOS DE TIGRE:
>
> Não se enquadra nesse impedimento o docente de curso jurídico (de instituição pública), conforme o art. 30, par. ún.

- **Membros do Poder Legislativo (municipal/estadual/federal – art. 30, II do Estatuto)**

Estão impedidos de advogar contra ou a favor do SERVIÇO PÚBLICO EM GERAL.

> CUIDADO, CABEÇÃO!
>
> Membro do Poder Legislativo que faz parte da MESA DIRETORA exerce atividade incompatível com a advocacia (não poder advogar).

Então, e em resumo quanto ao Poder Legislativo:

- Faz parte da Mesa – INCOMPATÍVEL.
- Não faz parte da Mesa – IMPEDIMENTO.

Vale recordar que o IMPEDIMENTO APARECE NA CARTEIRA DA OAB.

> DICA OLHOS DE TIGRE:
>
> Existem alguns cargos públicos com poder de mando – por exemplo: Procurador Geral dos Estados, Defensor Público Geral, Advogado Geral da União, entre outros – em que é possível exercer a advocacia no limite do seu cargo (não podem exercer em causa própria).

CUIDADO, CABEÇÃO!

A incompatibilidade não cessa quando o ocupante deixa de exercer o cargo que a gerou temporariamente – art. 28, § 1°, do Estatuto (por exemplo, estar de férias ou licenciado não permite ou autoriza o exercício da advocacia).

DICA OLHOS DE TIGRE:

a) Juiz Leigo e Conciliador estão **impedidos** de exercer a advocacia nos Juizados onde atuam;

b) Mediador e Conciliador estão **impedidos** de exercer a advocacia nos Centros Judiciários de Solução de Conflitos e Cidadania (CEJUSCs) onde atuam;

c) Mediador e Conciliador ficam impedidos de atuar, pelo prazo de um ano, para as partes que tenham participado das sessões (audiências) por eles conduzidas (art. 172 do CPC);

d) Advogado que atuou como *pro bono* não poderá atuar na defesa dos interesses desse mesmo cliente pelo prazo de três anos (recebendo honorários) – Prov. n° 166 do Conselho Federal da OAB;

e) O advogado que tem ou exercer cargo ou função em órgãos da OAB (ou nos Conselhos) estará impedido de atuar em qualquer processo que tramite perante a OAB (poderá atuar apenas em causa própria);

f) Juiz eleitoral no primeiro grau de jurisdição não pode advogar, pois faz parte do Poder Judiciário – no entanto, no Tribunal Regional Eleitoral (TRE), existem advogados nomeados para compor o Tribunal (estes podem advogar, estando impedidos de advogar na esfera eleitoral);

g) Para os servidores do Ministério Público (MP), incide a incompatibilidade, conforme a Súm. n° 2/2009:

> EXERCÍCIO DA ADVOCACIA POR SERVIDORES DO MINISTÉRIO PÚBLICO. IMPOSSIBILIDADE. INTELIGÊNCIA DO ART. 28, INC. II, DO EAOAB. A expressão "membros" designa toda pessoa que pertence ou faz parte de uma corporação, sociedade ou agremiação (De Plácido e Silva, *Vocabulário Jurídico*, Forense, 15. ed.). Dessa forma, todos os servidores vinculados aos órgãos e instituições mencionados no art. 28, inc. II, do Estatuto da AOAB são incompatíveis para o exercício da advocacia. Cada uma das

DICA OLHOS DE TIGRE:

três categorias – Magistratura, Advocacia e Ministério Público – embora atuem, todas, no sentido de dar concretude ao ideal de Justiça, tem, cada qual, um campo definido de atribuições, em cuja distinção se verifica, justamente, o equilíbrio necessário para que esse ideal seja atingido, não devendo, pois, serem misturadas ou confundidas, deixando a cargo de uma só pessoa o exercício simultâneo de tais incumbências. São incompatíveis, portanto, para o exercício da advocacia, quaisquer servidores vinculados ao Ministério Público.

h) Para o despachante de trânsito, é permitido exercício da advocacia, conforme a Súm. nº 3/2009: "O exercício da atividade de despachante de trânsito é compatível com a advocacia, não incidindo a hipótese do art. 28, V, do Estatuto da Advocacia e da OAB";

DICA OLHOS DE TIGRE:

i) Militar inativo pode advogar contra a União (pois aposentadoria é direito adquirido e não parcela remuneratória, não existindo impedimento);

j) A incompatibilidade prevista no art. 28, II do Estatuto, não se aplica aos advogados que participam dos órgãos nele referidos, na qualidade de titulares ou suplentes, como representantes dos advogados; ficam, entretanto, impedidos de exercer a advocacia perante os órgãos em que atuam, enquanto durar a investidura (art. 8º do Regulamento Geral).

QUESTÕES PARA ESTUDO

- **Prova: FGV – 2017 – OAB – Exame de Ordem Unificado – XXIV – Primeira Fase**

Severino, advogado, é notório conhecedor das normas procedimentais e disciplinares do Estatuto da Advocacia e da OAB, bem como de seu regulamento, atuando na defesa de colegas advogados em processos disciplinares. Recentemente, Severino foi eleito conselheiro, passando a exercer essa função em certo Conselho Seccional da OAB. Considerando o caso descrito, assinale a afirmativa correta.

a) Severino não poderá, enquanto exercer a função de conselheiro, atuar em processos disciplinares que tramitem perante qualquer órgão da OAB, sequer em causa própria.

b) Severino não poderá, enquanto for conselheiro, atuar em processos disciplinares que tramitem perante o Conselho Seccional onde exerce sua função. Porém, perante os demais conselhos, não há vedação à sua atuação, em causa própria ou alheia.
c) Severino não poderá, enquanto for conselheiro, atuar em processos disciplinares que tramitem perante o Conselho Seccional onde exerce sua função e o Conselho Federal da OAB. Porém, perante os demais conselhos, não há vedação à sua atuação, em causa própria ou alheia.
d) Severino não poderá, enquanto exercer a função, atuar em processos disciplinares que tramitem perante qualquer órgão da OAB, salvo em causa própria.

RESPOSTA: LETRA D – Art. 33 do Código de Ética e Disciplina da OAB.

- **Prova: FGV – 2016 – OAB – Exame de Ordem Unificado – XX – Primeira Fase (Reaplicação Salvador/BA)**

Renata, devidamente inscrita na Ordem dos Advogados do Brasil, exerce, há muitos anos, atividades privativas da advocacia. Ocorre que Renata concorre a deputada estadual, encontrando se em curso diversos processos em que ela atua como advogada. Caso Renata seja eleita, é correto afirmar que

a) ela ficará impedida de exercer a advocacia apenas contra ou a favor de pessoas jurídicas de direito público, empresas públicas, sociedades de economia mista, fundações públicas, entidades paraestatais ou empresas concessionárias ou permissionárias de serviço público.
b) ela ficará sujeita à proibição total ao exercício da advocacia, pois este é incompatível, mesmo em causa própria, com as atividades dos membros do Poder Legislativo.
c) ela ficará impedida de exercer a advocacia apenas contra ou a favor de pessoas jurídicas de direito público.
d) ela ficará sujeita à proibição total ao exercício da advocacia, pois este é incompatível, mesmo em causa própria, com as atividades dos membros do Poder Legislativo, mas poderá atuar, excepcionalmente, nos feitos que já estavam em curso antes do exercício de seu mandato parlamentar.

RESPOSTA: LETRA A – Art. 30, II, do Estatuto da Advocacia e da Ordem dos Advogados do Brasil.

- **Prova: FGV – 2016 – OAB – Exame de Ordem Unificado – XIX – Primeira Fase**

Formaram se em uma Faculdade de Direito, na mesma turma, Luana, Leonardo e Bruno. Luana, 35 anos, já exercia função de gerência em um banco quando se graduou. Leonardo, 30 anos, é prefeito do município de Pontal. Bruno, 28 anos, é policial militar no mesmo município. Os três pretendem praticar atividades privativas de advocacia. Considerando as incompatibilidades e impedimentos ao exercício da advocacia, assinale a opção correta.

a) Luana não está proibida de exercer a advocacia, pois é empregada de instituição privada, inexistindo impedimentos ou incompatibilidades.

b) Bruno, como os servidores públicos, apenas é impedido de exercer a advocacia contra a Fazenda Pública que o remunera.
c) Os três graduados, Luana, Leonardo e Bruno, exercem funções incompatíveis com a advocacia, sendo determinada a proibição total de exercício das atividades privativas de advogado.
d) Leonardo é impedido de exercer a advocacia apenas contra ou em favor de pessoas jurídicas de direito público, empresas públicas, sociedades de economia mista, fundações públicas, entidades paraestatais ou empresas concessionárias ou permissionárias de serviço público.

RESPOSTA: LETRA C – Arts. 27 e 28 do Estatuto da Advocacia e da Ordem dos Advogados do Brasil.

- **Prova: FGV – 2015 – OAB – Exame de Ordem Unificado – XVII – Primeira Fase**

Deise é uma próspera advogada e passou a buscar novos desafios, sendo eleita Deputada Estadual. Por força de suas raras habilidades políticas, foi eleita integrante da Mesa Diretora da Assembleia Legislativa do Estado Z. Ao ocupar esse honroso cargo procurou conciliar sua atividade parlamentar com o exercício da advocacia, sendo seu escritório agora administrado pela filha. Nos termos do Estatuto da Advocacia, assinale a afirmativa correta.

a) A atividade parlamentar de Deise é incompatível com o exercício da advocacia.
b) A participação de Deise na Mesa Diretora a torna incompatível com o exercício da advocacia.
c) A função de Deise como integrante da Mesa Diretora do Parlamento Estadual é conciliável com o exercício da advocacia.
d) A atividade parlamentar de Deise na Mesa Diretora pode ser conciliada com o exercício da advocacia em prol dos necessitados.

RESPOSTA: LETRA B – Art. 30, II, do Estatuto da Advocacia e da Ordem dos Advogados do Brasil.

Tudo o que é necessário para que o mal triunfe
é a omissão dos homens de boa índole.

Edmund Burke

21

PUBLICIDADE

(ARTS. 39 A 47 DO CÓDIGO DE ÉTICA E DISCIPLINA)

A palavra chave nas regras referentes à publicidade é a moderação. Não pode a publicidade ter um viés mercantilista, empresarial, industrial ou comercial (art. 39 do Código de Ética e Disciplina).

Objetivamente, não pode o advogado fazer PROPAGANDA de seus serviços ou atividades – a publicidade deve ser informativa e não voltada para a captação de clientela.

DICA OLHOS DE TIGRE:

Não pode o advogado, na sua publicidade (art. 40 do Código de Ética e Disciplina):

a) indicar o preço do trabalho;

b) divulgar que trabalha de graça, sem cobrança de honorários;

c) referir que ostenta ou ostentou cargo ou função pública;

d) veicular publicidade na rádio e na televisão;

e) relacionar, na publicidade do advogado, com outra atividade não advocatícia;

f) divulgar o serviço em carros de som ou *outdoor*.

Ao contrário, é permitido ao advogado, na sua publicidade:

a) divulgação em jornal, revistas e periódicos;

b) áreas de interesse e atuação;

c) títulos acadêmicos;

d) endereço, número de telefone, *e-mail* e *site*.

IMPORTANTE!

A publicidade na internet deve obedecer às regras gerais (art. 46 do Código de Ética e Disciplina).

CUIDADO, CABEÇÃO!

É vedada a inclusão de fotografia pessoal no cartão de visitas (art. 44, § 2°,do Código de Ética e Disciplina).

DICA *OLHOS DE TIGRE*:

Na publicidade em geral, bem como constantes dos cartões e material de escritório, é permitida a utilização das informações contidas no art. 44, § 1°, do Código de Ética e Disciplina.

IMPORTANTE!

É vedado anunciar sem a indicação expressa do nome e do número da inscrição do advogado (ou advogados) ou do registro da sociedade – art. 14 do Estatuto.

⦿ **Considerações sobre o Provimento 205/2021**

– É permitido o Marketing Jurídico

OBS.: As informações veiculadas devem ser OBJETIVAS E VERDADEIRAS.

Nesse sentido, o advogado pode ser instado (provocado, exigido) a comprovar a veracidade das informações.

– É mantido o princípio já inserido no CED de que a publicidade deve ter caráter meramente informativo (e, importante, não pode servir para captação de clientela).

Em resumo, relacionado a publicidade, sempre será proibida a:

- MERCANTILIZAÇÃO;
- CAPTAÇÃO DE CLIENTELA;
- EXCESSO DE RECURSO FINANCEIROS.

DICA OLHOS DE TIGRE:

Não poderá ser usado como publicidade:

- Referência a honorários (valores), a gratuidade ou descontos;
- Qualquer referência que gere indução em erro ou possa causar danos;
- A referência a especialização sem título acadêmico (salvo a notória especialização prevista no art. 3°-A do Estatuto);
- Expressões persuasivas ou de autoengrandecimento;
- De forma indiscriminada (ou seja, sem moderação), a distribuição de brindes, cartões e material.

Referência a decisões judiciais (ou resultados de processos) com a participação do advogado que está produzindo a publicidade.

IMPORTANTE!

- É totalmente vedado o pagamento pelo advogado para recebimento de prêmios;
- Também é vedado expor ou publicizar as dimensões, quantidade e estrutura do escritório;
- Vedada, ainda, a promessa de resultados.

CUIDADO, CABEÇÃO!

É proibida a divulgação da advocacia em conjunto com outras atividades, mas com o magistério pode.

E, importante – é permitido ao advogado ter local de trabalho compartilhado (*Coworking*), sendo que pode ser colocada placa indicativa neste local.

DICA OLHOS DE TIGRE:

É permitido o anúncio pago, inclusive com uso de logomarca (com fotos) – sempre com moderação.

Também será permitido o uso de imagem, vídeo ou áudio de manifestações do advogado em processos, desde que resguardado o sigilo e a dignidade.

21.1 CONDUTAS PROIBIDAS (AS MAIS COMUNS)

a) Divulgação da advocacia em conjunto com outra atividade que não seja especificamente jurídica, independente da natureza comercial, civil, econômica, pública, privativa ou não lucrativa, ou que possa ser realizada por outro profissional que não seja inscrito nos quadros da OAB.

b) Anunciar serviços de advocacia sem indicar o nome do advogado ou da sociedade de advogados, com o respectivo número de inscrição ou de registro.

c) Utilização das expressões "escritório de advocacia", "assessoria jurídica", "advogados consultores", "sociedade de advogados", "advogados associados", e similares, sem a indicação de número de registro na OAB ou do nome e do número de inscrição dos advogados que o integrem.

d) Mencionar, direta ou indiretamente, nos anúncios, qualquer cargo, função pública ou relação de emprego e patrocínio que tenha exercido, passível de captar clientela.

e) Referir-se, nos anúncios (jornais, revistas, internet, etc.), a valores dos serviços, tabelas, gratuidade ou forma de pagamento, bem como fazer menção ao tamanho, qualidade e estrutura da sede profissional.

f) Uso de "nome fantasia".

g) Distribuição de panfletos, em via pública ou privada, com oferta de serviços profissionais.

h) Utilização de símbolos oficiais, assim como os adotados pela Ordem.

i) Divulgação de lista de clientes.

j) Ofertar serviços de assessoria jurídica consultiva, ainda que inserindo-se no âmbito meramente informativo, juntamente com a divulgação de serviços médicos, contábeis, e outras atividades não advocatícias.

O PROVIMENTO nº 205/2021 foi editado nos seguintes termos:

> **Art. 1º** É permitido o marketing jurídico, desde que exercido de forma compatível com os preceitos éticos e respeitadas as limitações impostas pelo Estatuto da Advocacia, Regulamento Geral, Código de Ética e Disciplina e por este Provimento.
>
> § 1º As informações veiculadas deverão ser objetivas e verdadeiras e são de exclusiva responsabilidade das pessoas físicas identificadas

e, quando envolver pessoa jurídica, dos sócios administradores da sociedade de advocacia que responderão pelos excessos perante a Ordem dos Advogados do Brasil, sem excluir a participação de outros inscritos que para ela tenham concorrido.

§ 2° Sempre que solicitado pelos órgãos competentes para a fiscalização da Ordem dos Advogados do Brasil, as pessoas indicadas no parágrafo anterior deverão comprovar a veracidade das informações veiculadas, sob pena de incidir na infração disciplinar prevista no art. 34, inciso XVI, do Estatuto da Advocacia e da OAB, entre outras eventualmente apuradas.

Art. 2° Para fins deste provimento devem ser observados os seguintes conceitos:

I - Marketing jurídico: Especialização do marketing destinada aos profissionais da área jurídica, consistente na utilização de estratégias planejadas para alcançar objetivos do exercício da advocacia;

II - Marketing de conteúdos jurídicos: estratégia de marketing que se utiliza da criação e da divulgação de conteúdos jurídicos, disponibilizados por meio de ferramentas de comunicação, voltada para informar o público e para a consolidação profissional do(a) advogado(a) ou escritório de advocacia;

III - Publicidade: meio pelo qual se tornam públicas as informações a respeito de pessoas, ideias, serviços ou produtos, utilizando os meios de comunicação disponíveis, desde que não vedados pelo Código de Ética e Disciplina da Advocacia;

IV - Publicidade profissional: meio utilizado para tornar pública as informações atinentes ao exercício profissional, bem como os dados do perfil da pessoa física ou jurídica inscrita na Ordem dos Advogados do Brasil, utilizando os meios de comunicação disponíveis, desde que não vedados pelo Código de Ética e Disciplina da Advocacia;

V - Publicidade de conteúdos jurídicos: divulgação destinada a levar ao conhecimento do público conteúdos jurídicos;

VI - Publicidade ativa: divulgação capaz de atingir número indeterminado de pessoas, mesmo que elas não tenham buscado informações acerca do anunciante ou dos temas anunciados;

VII - Publicidade passiva: divulgação capaz de atingir somente público certo que tenha buscado informações acerca do anunciante ou dos temas anunciados, bem como por aqueles que concordem previamente com o recebimento do anúncio;

VIII - Captação de clientela: para fins deste provimento, é a utilização de mecanismos de marketing que, de forma ativa, independentemente do resultado obtido, se destinam a angariar clientes pela indução à contratação dos serviços ou estímulo do litígio, sem prejuízo do estabelecido no Código de Ética e Disciplina e regramentos próprios.

Art. 3° A publicidade profissional deve ter caráter meramente informativo e primar pela discrição e sobriedade, não podendo configurar captação de clientela ou mercantilização da profissão, sendo vedadas as seguintes condutas:

I - referência, direta ou indireta, a valores de honorários, forma de pagamento, gratuidade ou descontos e reduções de preços como forma de captação de clientes;

II - divulgação de informações que possam induzir a erro ou causar dano a clientes, a outros(as) advogados(as) ou à sociedade;

III - anúncio de especialidades para as quais não possua título certificado ou notória especialização, nos termos do parágrafo único do art. 3°-A do Estatuto da Advocacia;

IV - utilização de orações ou expressões persuasivas, de autoengrandecimento ou de comparação;

V - distribuição de brindes, cartões de visita, material impresso e digital, apresentações dos serviços ou afins de maneira indiscriminada em locais públicos, presenciais ou virtuais, salvo em eventos de interesse jurídico.

§ 1° Entende-se por publicidade profissional sóbria, discreta e informativa a divulgação que, sem ostentação, torna público o perfil profissional e as informações atinentes ao exercício profissional, conforme estabelecido pelo § 1°, do art. 44, do Código de Ética e Disciplina, sem incitar diretamente ao litígio judicial, administrativo ou à contratação de serviços, sendo vedada a promoção pessoal.

§ 2° Os consultores e as sociedades de consultores em direito estrangeiro devidamente autorizadas pela Ordem dos Advogados do Brasil, nos termos do Provimento n. 91/2000, somente poderão realizar o marketing jurídico com relação às suas atividades de consultoria em direito estrangeiro correspondente ao país ou Estado de origem do profissional interessado. Para esse fim, nas peças de caráter publicitário a sociedade acrescentará obrigatoriamente ao nome ou razão social que internacionalmente adote a expressão "Consultores em direito estrangeiro" (art. 4° do Provimento 91/2000).

Art. 4° No marketing de conteúdos jurídicos poderá ser utilizada a publicidade ativa ou passiva, desde que não esteja incutida a mercantilização, a captação de clientela ou o emprego excessivo de recursos financeiros, sendo admitida a utilização de anúncios, pagos ou não, nos meios de comunicação, exceto nos meios vedados pelo art. 40 do Código de Ética e Disciplina e desde que respeitados os limites impostos pelo inciso V do mesmo artigo e pelo Anexo Único deste provimento.

§ 1° Admite-se, na publicidade de conteúdos jurídicos, a identificação profissional com qualificação e títulos, desde que verdadeiros e comprováveis quando solicitados pela Ordem dos Advogados do Brasil, bem como com a indicação da sociedade da qual faz parte.

§ 2° Na divulgação de imagem, vídeo ou áudio contendo atuação profissional, inclusive em audiências e sustentações orais, em processos judiciais ou administrativos, não alcançados por segredo de justiça, serão respeitados o sigilo e a dignidade profissional e vedada a referência ou menção a decisões judiciais e resultados de qualquer natureza obtidos em procedimentos que patrocina ou participa de alguma forma, ressalvada a hipótese de manifestação espontânea em caso coberto pela mídia.

§ 3° Para os fins do previsto no inciso V do art. 40 do Código de Ética e Disciplina, equiparam-se ao e-mail, todos os dados de contato e meios de comunicação do escritório ou advogado(a), inclusive os endereços dos sites, das redes sociais e os aplicativos de mensagens instantâneas, podendo também constar o logotipo, desde que em caráter informativo, respeitados os critérios de sobriedade e discrição.

§ 4° Quando se tratar de venda de bens e eventos (livros, cursos, seminários ou congressos), cujo público-alvo sejam advogados(as), estagiários(as) ou estudantes de direito, poderá ser utilizada a publicidade ativa, observadas as limitações do caput deste artigo.

§ 5° É vedada a publicidade a que se refere o *caput* mediante uso de meios ou ferramentas que influam de forma fraudulenta no seu impulsionamento ou alcance.

Art. 5° A publicidade profissional permite a utilização de anúncios, pagos ou não, nos meios de comunicação não vedados pelo art. 40 do Código de Ética e Disciplina.

§ 1° É vedado o pagamento, patrocínio ou efetivação de qualquer outra despesa para viabilizar aparição em rankings, prêmios ou qualquer tipo de recebimento de honrarias em eventos ou publicações, em qualquer mídia, que vise destacar ou eleger profissionais como detentores de destaque.

§ 2° É permitida a utilização de logomarca e imagens, inclusive fotos dos(as) advogados(as) e do escritório, assim como a identidade visual nos meios de comunicação profissional, sendo vedada a utilização de logomarca e símbolos oficiais da Ordem dos Advogados do Brasil.

§ 3° É permitida a participação do advogado ou da advogada em vídeos ao vivo ou gravados, na internet ou nas redes sociais, assim como em debates e palestras virtuais, desde que observadas as regras dos arts. 42 e 43 do CED, sendo vedada a utilização de casos concretos ou apresentação de resultados.

Art. 6° Fica vedada, na publicidade ativa, qualquer informação relativa às dimensões, qualidades ou estrutura física do escritório, assim como a menção à promessa de resultados ou a utilização de casos concretos para oferta de atuação profissional.

Parágrafo único. Fica vedada em qualquer publicidade a ostentação de bens relativos ao exercício ou não da profissão, como uso de veículos, viagens, hospedagens e bens de consumo, bem como a menção à promessa de resultados ou a utilização de casos concretos para oferta de atuação profissional.

Art. 7° Considerando que é indispensável a preservação do prestígio da advocacia, as normas estabelecidas neste provimento também se aplicam à divulgação de conteúdos que, apesar de não se relacionarem com o exercício da advocacia, possam atingir a reputação da classe à qual o profissional pertence.

Art. 8° Não é permitido vincular os serviços advocatícios com outras atividades ou divulgação conjunta de tais atividades, salvo a de magistério, ainda que complementares ou afins.

Parágrafo único. Não caracteriza infração ético-disciplinar o exercício da advocacia em locais compartilhados (coworking), sendo vedada a divulgação da atividade de advocacia em conjunto com qualquer outra atividade ou empresa que compartilhem o mesmo espaço, ressalvada a possibilidade de afixação de placa indicativa no espaço físico em que se desenvolve a advocacia e a veiculação da informação de que a atividade profissional é desenvolvida em local de coworking.

Art. 9°. Fica criado o Comitê Regulador do Marketing Jurídico, de caráter consultivo, vinculado à Diretoria do Conselho Federal, que nomeará seus membros, com mandato concomitante ao da gestão, e será composto por:

I - 05 (cinco) Conselheiros(as) Federais, um(a) de cada região do país, indicados(as) pela Diretoria do CFOAB;

II - 01 (um) representante do Colégio de Presidentes de Seccionais.

III - 01 (um) representante indicado pelo Colégio de Presidentes dos Tribunais de Ética e Disciplina;

IV - 01 (um) representante indicado pela Coordenação Nacional de Fiscalização da Atividade Profissional da Advocacia; e

V - 01 (um) representante indicado pelo Colégio de Presidentes das Comissões da Jovem Advocacia.

§ 1° O Comitê Regulador do Marketing Jurídico se reunirá periodicamente para acompanhar a evolução dos critérios específicos sobre marketing, publicidade e informação na advocacia constantes do Anexo Único deste provimento, podendo propor ao Conselho Federal a alteração, a supressão ou a inclusão de novos critérios e propostas de alteração do provimento.

§ 2° Com a finalidade de pacificar e unificar a interpretação dos temas pertinentes perante os Tribunais de Ética e Disciplina e Comissões de Fiscalização das Seccionais, o Comitê poderá propor ao Órgão Especial, com base nas disposições do Código de Ética e Disciplina e pelas demais disposições previstas neste provimento, sugestões de interpretação dos dispositivos sobre publicidade e informação.

Art. 10. As Seccionais poderão conceder poderes coercitivos à respectiva Comissão de Fiscalização, permitindo a expedição de notificações com a finalidade de dar efetividade às disposições deste provimento.

Art. 11. Faz parte integrante do presente provimento o Anexo Único, que estabelece os critérios específicos sobre a publicidade e informação da advocacia.

Art. 12. Fica revogado o Provimento n. 94, de 05 de setembro de 2000, bem como as demais disposições em contrário.

Parágrafo único. Este provimento não se aplica às eleições do sistema OAB, que possui regras próprias quanto à campanha e à publicidade.

Art. 13. Este Provimento entra em vigor no prazo de 30 (trinta) dias a contar da data de sua publicação no Diário Eletrônico da OAB.

E tal Provimento ainda teve o seguinte Anexo:

Anuários	Somente é possível a participação em publicações que indiquem, de forma clara e precisa, qual a metodologia e os critérios de pesquisa ou de análise que justifiquem a inclusão de determinado escritório de advocacia ou advogado(a) na publicação, ou ainda que indiquem que se trata de mera compilação de escritórios ou advogados(as). É vedado o pagamento, patrocínio ou efetivação de qualquer outra despesa para viabilizar anúncios ou aparição em publicações como contrapartida de premiação ou ranqueamento.
Aplicativos para responder consultas jurídicas	Não é admitida a utilização de aplicativos de forma indiscriminada para responder automaticamente consultas jurídicas a não clientes por suprimir a imagem, o poder decisório e as responsabilidades do profissional, representando mercantilização dos serviços jurídicos.
Aquisição de palavra-chave a exemplo do Google Ads	Permitida a utilização de ferramentas de aquisição de palavra-chave quando responsivo a uma busca iniciada pelo potencial cliente e desde que as palavras selecionadas estejam em consonância com ditames éticos. Proibido o uso de anúncios ostensivos em plataformas de vídeo.
Cartão de visitas	Deve conter nome ou nome social do(a) advogado(a) e o número da inscrição na OAB e o nome da sociedade, se integrante de sociedade. Pode conter número de telefone, endereço físico/eletrônico, QR Code que permita acesso aos dados/site. Pode ser físico e eletrônico.
Chatbot	Permitida a utilização para o fim de facilitar a comunicação ou melhorar a prestação de serviços jurídicos, não podendo afastar a pessoalidade da prestação do serviço jurídico, nem suprimir a imagem, o poder decisório e as responsabilidades do profissional. É possível, por exemplo, a utilização no site para responder as primeiras dúvidas de um potencial cliente ou para encaminhar as primeiras informações sobre a atuação do escritório. Ou ainda, como uma solução para coletar dados, informações ou documentos.

Correspon-dências e comunicados (mala direta);	O envio de cartas e comunicações a uma coletividade ("mala direta") é expressamente vedado. Somente é possível o envio de cartas e comunicações se destinadas a clientes e pessoas de relacionamento pessoal ou que os solicitem ou os autorizem previamente, desde que não tenham caráter mercantilista, que não representem captação de clientes e que não impliquem oferecimento de serviços.
Criação de conteúdo, palestras, artigos;	Deve ser orientada pelo caráter técnico informativo, sem divulgação de resultados concretos obtidos, clientes, valores ou gratuidade.
Ferramentas Tecnológicas	Podem ser utilizadas com a finalidade de auxiliar os(as) advogados(as) a serem mais eficientes em suas atividades profissionais, sem suprimir a imagem, o poder decisório e as responsabilidades do profissional.
Grupos de "whatsapp"	Permitida a divulgação por meio de grupos de "whatsapp", desde que se trate de grupo de pessoas determinadas, das relações do(a) advogado(a) ou do escritório de advocacia e seu conteúdo respeite as normas do Código de Ética e Disciplina e do presente provimento.
Lives nas redes sociais e Youtube	É permitida a realização de lives nas redes sociais e vídeos no Youtube, desde que seu conteúdo respeite as normas do Código de Ética e Disciplina e do presente provimento.
Patrocínio e impulsiona-mento nas redes sociais	Permitido, desde que não se trate de publicidade contendo oferta de serviços jurídicos.
Petições, papéis, pastas e materiais de escritório	Pode conter nome e nome social do(a) advogado(a) e da sociedade, endereço físico/eletrônico, número de telefone e logotipo.
Placa de iden-tificação do escritório	Pode ser afixada no escritório ou na residência do(a) advogado(a), não sendo permitido que seja luminosa tal qual a que se costuma ver em farmácias e lojas de conveniência. Suas dimensões não são preestabelecidas, bastando que haja proporcionalidade em relação às dimensões da fachada do escritório ou residência, sempre respeitando os critérios de discrição e moderação.
Redes Sociais	É permitida a presença nas redes sociais, desde que seu conteúdo respeite as normas do Código de Ética e Disciplina e do presente provimento.

QUESTÕES PARA ESTUDO

- **Prova: FGV – 2018 – OAB – Exame de Ordem Unificado – XXV – Primeira Fase**

O advogado Valter instalou, na fachada do seu escritório, um discreto painel luminoso com os dizeres "Advocacia Trabalhista". A sociedade de advogados X contratou a instalação de um sóbrio painel luminoso em um dos pontos de ônibus da cidade, onde constava apenas o nome da sociedade, dos advogados associados e o endereço da sua sede. Já a advogada Helena fixou, em todos os elevadores do prédio comercial onde se situa seu escritório, cartazes pequenos contendo inscrições sobre seu nome, o ramo do Direito em que atua e o andar no qual funciona o escritório. Considerando as situações descritas e o disposto no Código de Ética e Disciplina da OAB, assinale a afirmativa correta.

a) Apenas Valter e a sociedade de advogados X violaram a disciplina quanto à ética na publicidade profissional.
b) Apenas Helena violou a disciplina quanto à ética na publicidade profissional.
c) Valter, Helena e a sociedade de advogados X violaram a disciplina quanto à ética na publicidade profissional.
d) Apenas a sociedade de advogados X e Helena violaram a disciplina quanto à ética na publicidade profissional.

RESPOSTA: LETRA D – Art. 40 do Código de Ética e Disciplina da OAB.

- **Prova: FGV – 2017 – OAB – Exame de Ordem Unificado – XXIV – Primeira Fase**

Em determinada edição de um jornal de grande circulação, foram publicadas duas matérias subscritas, cada qual, pelos advogados Lúcio e Frederico. Lúcio assina, com habitualidade, uma coluna no referido jornal, em que responde, semanalmente, a consultas sobre matéria jurídica. Frederico apenas subscreveu matéria jornalística naquela edição, debatendo certa causa, de natureza criminal, bastante repercutida na mídia, tendo analisado a estratégia empregada pela defesa do réu no processo. Considerando o caso narrado e o disposto no Código de Ética e Disciplina da OAB, assinale a afirmativa correta.

a) Lúcio e Frederico cometeram infração ética.
b) Apenas Lúcio cometeu infração ética.
c) Apenas Frederico cometeu infração ética.
d) Nenhum dos advogados cometeu infração ética.

RESPOSTA: LETRA A – Arts. 42 e 43 do Código de Ética e Disciplina da OAB.

- **Prova: FGV – 2017 – OAB – Exame de Ordem Unificado – XXII – Primeira Fase**

Marcelo, renomado advogado, foi convidado para participar de matéria veiculada pela Internet, por meio de portal de notícias, com a finalidade de informar os leitores sobre direitos do consumidor. Ao final da matéria, mediante sua autorização, foi divulgado o e-mail de Marcelo, bem como o número de telefone do seu escritório. Sobre essa situação, de acordo com o Código de Ética e Disciplina da OAB, assinale a afirmativa correta.

a) Marcelo não pode participar de matéria veiculada pela Internet, pois esse fato, por si só, configura captação de clientela.
b) Marcelo pode participar de matéria veiculada pela Internet, mas são vedadas a referência ao e-mail e ao número de telefone do seu escritório ao final da matéria.
c) Marcelo pode participar de matéria veiculada pela Internet e são permitidas a referência ao e-mail e ao número de telefone do seu escritório ao final da matéria.
d) Marcelo pode participar de matéria veiculada pela Internet, mas é vedada a referência ao número de telefone do seu escritório ao final da matéria, sendo permitida a referência ao seu e-mail.

RESPOSTA: LETRA D – Art. 40 do Código de Ética e Disciplina da OAB.

- **Prova: FGV – 2019 – OAB – Exame de Ordem Unificado – XXVIII – Primeira Fase**

A advogada Leia Santos confeccionou cartões de visita para sua apresentação e de seu escritório. Nos cartões, constava seu nome, número de inscrição na OAB, bem como o site do escritório na Internet e um QR code para que o cliente possa obter informações sobre o escritório. Já o advogado Lucas Souza elaborou cartões de visita que, além do seu nome e número de inscrição na OAB, apresentam um logotipo discreto e a fotografia do escritório.

Considerando as situações descritas e o disposto no Código de Ética e Disciplina da OAB, assinale a afirmativa correta.

a) Leia e Lucas cometeram infrações éticas, pois inseriram elementos vedados pelo Código de Ética e Disciplina da OAB nos cartões de apresentação.
b) Nenhum dos advogados cometeu infração ética, pois os elementos inseridos por ambos nos cartões de apresentação são autorizados.
c) Apenas Leia cometeu infração ética, pois inseriu elementos vedados pelo Código de Ética e Disciplina da OAB nos cartões de apresentação. Os elementos empregados por Lucas são autorizados.
d) Apenas Lucas cometeu infração ética, pois inseriu elementos vedados pelo Código de Ética e Disciplina da OAB nos cartões de apresentação. Os elementos empregados por Leia são autorizados.

RESPOSTA: LETRA B – Art. 44 do Código de Ética e Disciplina da OAB.

A vida me ensinou a caminhar...
Saber cair depois se levantar...
O tempo não espera...
Não há espaço pra chorar...

MV Bill

22

INFRAÇÕES DISCIPLINARES
(ART. 34 DO ESTATUTO)

São condutas negativas ou comportamentos indesejados do advogado, definidas e tipificadas pelo Estatuto (e não podem ser objeto de interpretação extensiva ou analógica).

CUIDADO, CABEÇÃO!

Apenas os inscritos na OAB podem cometer infração disciplinar (não há como responsabilizar terceiro, não inscrito).

DICA OLHOS DE TIGRE:

O advogado tem o dever de cumprir o Código de Ética e Disciplina – art. 33 do Estatuto.

Quem aspira a grandes coisas também deve sofrer em grande medida.

Marco Licinio Crasso

23

SANÇÕES DISCIPLINARES (ARTS. 35 A 43 DO ESTATUTO)

As sanções (penas) disciplinares, para serem aplicadas, exigem devido processo legal (contraditório e ampla defesa) – ou seja, processo disciplinar válido.

Dividem se em censura – art. 36 do Estatuto (existindo atenuantes – art. 40 do Estatuto – pode ser substituída por advertência – art. 36, par. ún., do Estatuto), suspensão (art. 37 do Estatuto) e exclusão (art. 38 do Estatuto).

CUIDADO, CABEÇÃO!

Existe, ainda, uma sanção acessória, a **multa** (art. 39 do Estatuto). É uma espécie de agravante, não existe sozinha, sendo apenas aplicada em conjunto com a censura ou a suspensão (na exclusão não existe multa).

23.1 CENSURA (ART. 36 DO ESTATUTO)

É aplicada, basicamente, quando o advogado comete atos contrários ao Código de Ética e Disciplina.

Não é pública e consiste em registrar a pena no prontuário do advogado.

Existindo circunstâncias atenuantes (art. 40 do Estatuto), a censura poderá ser convertida em advertência, situação na qual será apenas remetido um ofício reservado ao advogado (sem qualquer registro no prontuário).

23.2 SUSPENSÃO (ART. 37 DO ESTATUTO)

Aplicada a pena de suspensão, restará o advogado proibido de exercer a advocacia em todo o território nacional (embora tenha que continuar pagando anuidade da OAB).

A pena é pública.

Infrações disciplinares que podem resultar na pena de suspensão:

– Todas que envolvam dinheiro (podendo ser aplicada e mantida até que devolva o dinheiro do cliente);
– Erros reiterados, configurando inépcia (somente erro é censura);
– Retenção abusiva de autos;
– Conduta inadequada ou incompatível – (Ex.: envolvimento com drogas, álcool, escândalos, improbidade etc.) – art. 34, par. ún., do Estatuto.

CUIDADO, CABEÇÃO!

Importante repetir – as penas somente poderão ser aplicadas após o trânsito em julgado da decisão condenatória.

No entanto, existe uma exceção: a suspensão preventiva prevista no art. 70, § 3º, do Estatuto – havendo repercussão prejudicial à dignidade da advocacia, o TED poderá notificar o acusado para uma sessão especial, na qual será analisada a aplicação ou não da suspensão preventiva (o acusado terá direito de apresentar sua defesa nessa sessão, pelo prazo de 15 minutos – art. 63 do Código de Ética e Disciplina).

Nessa sessão especial, caso o advogado não seja encontrado ou ocorra a revelia, lhe será nomeado um defensor dativo (art. 73, § 4º, do Estatuto).

Caso aplicada a suspensão preventiva, o julgamento do processo disciplinar deve acontecer em 90 (noventa) dias, sob pena de constrangimento ilegal (parte final do art. 70, § 3º, do Estatuto).

DICA OLHOS DE TIGRE:

O STF, no julgamento do RE nº 647885 (julgamento virtual ocorrido em 24-4-2020), declarou inconstitucional os arts. 34, XXIII, e 37, § 2º, do Estatuto da OAB – em resumo: não cabe a aplicação da pena de suspensão ao advogado diante do não pagamento da anuidade.

◉ CUIDADO!

Na forma do art. 34, XXX, é infração disciplinar praticar assédio moral, assédio sexual ou discriminação.

E o Estatuto conceituou tais infrações da seguinte forma:

I - assédio moral: a conduta praticada no exercício profissional ou em razão dele, por meio da repetição deliberada de gestos, palavras faladas ou escritas ou comportamentos que exponham o estagiário, o advogado ou qualquer outro profissional que esteja prestando seus serviços a situações humilhantes e constrangedoras, capazes de lhes causar ofensa à personalidade, à dignidade e à integridade psíquica ou física, com o objetivo de excluí-los das suas funções ou de desestabilizá-los emocionalmente, deteriorando o ambiente profissional;

II - assédio sexual: a conduta de conotação sexual praticada no exercício profissional ou em razão dele, manifestada fisicamente ou por palavras, gestos ou outros meios, proposta ou imposta à pessoa contra sua vontade, causando-lhe constrangimento e violando a sua liberdade sexual;

III - discriminação: a conduta comissiva ou omissiva que dispense tratamento constrangedor ou humilhante a pessoa ou grupo de pessoas, em razão de sua deficiência, pertença a determinada raça, cor ou sexo, procedência nacional ou regional, origem étnica, condição de gestante, lactante ou nutriz, faixa etária, religião ou outro fator.

Importante – tais infrações, caso emerja decisão condenatório, serão punidas com a penas de suspensão, na forma do art. 37, I do Estatuto.

23.3 EXCLUSÃO (ART. 38 DO ESTATUTO)

É a pena mais grave, será pública e gerará o cancelamento da inscrição.

Será aplicada nas seguintes infrações (art. 38 do Estatuto):

- Prova falsa de requisito da inscrição;
- Falta de idoneidade moral para o exercício da advocacia;
- Pratica de crime infamante;
- Terceira suspensão.

DICA OLHOS DE TIGRE:

Para aplicação da exclusão, será necessária a manifestação de **dois terços** do Conselho Seccional de forma favorável – art. 38, par. ún., do Estatuto:

> Súmula nº 8/2019/COP, com o seguinte enunciado: PROCESSO DE EXCLUSÃO – INSTRUÇÃO E JULGAMENTO. Compete exclusivamente ao Pleno do Conselho Seccional o julgamento dos processos de exclusão, mediante a manifestação favorável de dois terços dos seus membros, após a necessária instrução e julgamento dos referidos processos perante o Tribunal de Ética e Disciplina (art. 38, parágrafo único, c/c art. 70, § 1º, ambos da Lei nº 8.906/1994 – Estatuto da Advocacia e da OAB)

CUIDADO!

O advogado suspenso ou excluído não pode exercer a advocacia.

CUIDADO, CABEÇÃO!

Importante recordar que produzir delação (colaboração premiada) contra cliente ou ex-cliente gera pena de exclusão.

QUESTÕES PARA ESTUDO

■ **Prova: FGV – 2019 – OAB – Exame de Ordem Unificado – XXIX – Primeira Fase**

Milton, advogado, exerceu fielmente os deveres decorrentes de mandato outorgado para defesa do cliente Tomás, em juízo. Todavia, Tomás deixou, injustificadamente, de efetuar o pagamento dos valores acordados a título de honorários. Em 8-4-19, após negar-se ao pagamento devido, Tomás solicitou a Milton que agendasse uma reunião para que este esclarecesse, de forma pormenorizada, questões que entendia pertinentes e necessárias sobre o processo. Contudo, Milton informou que não prestaria nenhum tipo de informação judicial sem pagamento, a fim de evitar o aviltamento da atuação profissional. Em 10-5-19, Tomás solicitou que Milton lhe devolvesse alguns bens móveis que haviam sido confiados ao advogado durante o processo, relativos ao objeto da demanda. Milton também se recusou, pois pretendia alienar os bens para compensar os honorários devidos. Considerando o caso narrado, assinale a afirmativa correta.

a) Apenas a conduta de Milton praticada em 8-4-19 configura infração ética.

b) Ambas as condutas de Milton, praticadas em 8-4-19 e em 10-5-19, configuram infrações éticas.

c) Nenhuma das condutas de Milton, praticadas em 8-4-19 e em 10-5-19, configura infração ética.
d) Apenas a conduta de Milton praticada em 10-5-19 configura infração ética.

RESPOSTA: LETRA B – Arts. 12 do Código de Ética e Disciplina da OAB e 33 do Estatuto.

- **Prova: FGV – 2016 – OAB – Exame de Ordem Unificado – XX – Primeira Fase (Reaplicação Salvador/BA)**

O advogado Aureliano foi contratado por alguns herdeiros de José Arcádio para representá-los em inventário judicial. Após dez anos, dá se o trânsito em julgado da sentença que julgou a partilha, ocasião em que os clientes solicitam a Aureliano que apresente as contas dos valores que deles recebeu durante o período, referentes a custas e outras despesas processuais. Todavia, por não desejar perder tempo com a elaboração do documento, Aureliano, que até então possuía conduta profissional irretocável, deixa de oferecer as contas requeridas. Assim, Aureliano cometeu infração disciplinar, sujeitando se à sanção

a) de censura.
b) de suspensão.
c) de advertência.
d) de exclusão.

RESPOSTA: LETRA B – Arts. 34, XXI, e 37 do Estatuto da Advocacia e da Ordem dos Advogados do Brasil.

- **Prova: FGV – 2016 – OAB – Exame de Ordem Unificado – XX – Primeira Fase**

Guilherme é advogado de José em ação promovida por este em face de Bruno, cujo advogado é Gabriel. Na audiência de conciliação, ao deparar-se com Bruno, Guilherme o reconhece como antigo amigo da época de colégio, com o qual havia perdido contato. Dias após a realização da audiência, na qual foi frustrada a tentativa de conciliação, Guilherme se reaproxima de Bruno, e com vistas a solucionar o litígio, estabelece entendimento sobre a causa diretamente com ele, sem autorização de José e sem ciência de Gabriel. Na situação narrada,

a) Guilherme cometeu infração disciplinar ao estabelecer entendimento com Bruno, tanto pelo fato de não haver ciência de Gabriel, como por não haver autorização de José.
b) Guilherme cometeu infração disciplinar ao estabelecer entendimento com Bruno, pelo fato de não haver ciência de Gabriel, mas não por não haver autorização de José.
c) Guilherme cometeu infração disciplinar ao estabelecer entendimento com Bruno, pelo fato de não haver autorização de José, mas não por não haver ciência de Gabriel.
d) Guilherme não cometeu infração disciplinar ao estabelecer entendimento com Bruno, sem ciência de Gabriel ou autorização de José.

RESPOSTA: LETRA A – Art. 34, VIII, do Estatuto da Advocacia e da Ordem dos Advogados do Brasil.

- **Prova: FGV – 2015 – OAB – Exame de Ordem Unificado – XVIII – Primeira Fase**

A advogada Ana retirou de cartório os autos de determinado processo de conhecimento em que representava a parte ré, para apresentar contestação. Protocolou a petição tempestivamente, mas deixou de devolver os autos em seguida por esquecimento, só o fazendo após ficar pouco mais de um mês com os autos em seu poder. Ao perceber que Ana não devolvera os autos imediatamente após cumprir o prazo, o magistrado exarou despacho pelo qual a advogada foi proibida de retirar novamente os autos do cartório em carga, até o final do processo. Nos termos do Estatuto da Advocacia, deve-se assentar quanto à sanção disciplinar que

a) não se aplica porque Ana não chegou a ser intimada a devolver os autos.
b) não se aplica porque Ana ficou menos de três meses com os autos em seu poder.
c) aplica se porque Ana reteve abusivamente os autos em seu poder.
d) aplica se porque Ana não poderia ter retirado os autos de cartório para cumprir o prazo assinalado para contestação.

RESPOSTA: LETRA A – Art. 34, II, c/c art. 7º, § 1º, do Estatuto da Advocacia e da Ordem dos Advogados do Brasil.

Sucesso não é o final, falhar não é fatal:
é a coragem para continuar que conta.

Winston Churchill

24

PROCESSO DISCIPLINAR

Será instaurado de ofício ou mediante representação – arts. 72 do Estatuto e 55 do Código de Ética e Disciplina (e a representação não pode ser anônima – art. 55, § 2º, do Código de Ética e Disciplina).

A atribuição (competência) para conduzir o processo, na primeira instância, será do TED – arts. 70, § 1º, do Estatuto e 71, I, do Código de Ética e Disciplina.

Perceba-se que a competência para julgamento é do TED, mas a instrução do processo pode acontecer na Subseção (art. 70, § 1º, do Estatuto).

O TED é órgão subordinado ao Conselho Seccional; dessa forma, a competência para o processo disciplinar será do Conselho Seccional onde tenha ocorrido a infração (art. 70 do Estatuto).

◉ **EXCEÇÃO** – Infração cometida perante o Conselho Federal será de atribuição deste (do próprio Conselho Federal), conforme previsão da parte final do art. 70 do Estatuto.

IMPORTANTE!

Em representação contra membro do Conselho Federal ou Presidente do Conselho Seccional, bem como contra componentes da Diretoria do Conselho Federal, membros honorários vitalícios e detentores da medalha Rui Barbosa, a competência será do Conselho Federal (art. 58, § 5º, do Código de Ética e Disciplina).

DICA OLHOS DE TIGRE:

A representação contra dirigente da subseção será instruída e julgada pelo Conselho Seccional (art. 58, § 6º).

Será garantido o sigilo do processo até a decisão final (art. 72 do Estatuto), proporcionando se ao acusado a mais ampla e constitucional defesa – somente terá acesso aos autos as partes, os seus defensores ou a autoridade judiciária (art. 72, § 2º, do Estatuto).

CUIDADO, CABEÇÃO!

O julgamento do TED, apesar de ser a primeira instância, será colegiado (não existe decisão monocrática) – art. 61 do Código de Ética e Disciplina.

No processo administrativo, o acusado deverá ser notificado por AR (pelo Correio, com aviso de recebimento) para apresentar defesa preliminar – art. 137-D do Regulamento Geral.

Vale recordar que os prazos no processo administrativo são de 15 (quinze) dias (contados em dias úteis), conforme prevê os arts. 139 do Regulamento Geral e 69 do Estatuto.

IMPORTANTE!

Como cabe ao advogado manter o endereço atualizado (art. 137-D, parágrafo primeiro do Regulamento Geral), caso não seja encontrado a notificação será feita por Edital (art. 137-D, § 2º, do Regulamento Geral).

Também importante referir que a notificação por edital não pode desrespeitar o sigilo previsto no art. 72, § 2º, do Estatuto (conforme previsão expressa do art. 137-D, § 3º, do Regulamento Geral).

Contra decisão do TED caberá recurso, o qual será de competência do Conselho Seccional, por uma de suas Câmaras Julgadoras.

Os recursos terão, como regra, o duplo efeito (devolutivo e suspensivo) – art. 138, § 2º, do Regulamento Geral.

CUIDADO, CABEÇÃO!

Excepcionalmente o recurso terá apenas efeito devolutivo nos seguintes casos (art. 77 do Estatuto):

a) Processo/recurso referente à eleição da OAB;

b) Exclusão de advogado que produziu prova falsa para inscrição nos quadros da OAB;

c) Suspensão preventiva.

DICA *OLHOS DE TIGRE*:

Contra decisão do Presidente ou da diretoria da subseção, cabe recurso ao Conselho Seccional (mesmo que a subseção tenha Conselho regularmente constituído) – art. 143 do Regulamento Geral.

Contra decisão da Comissão Eleitoral (nas eleições da OAB), cabe recurso ao Conselho Seccional – art. 130 do Regulamento Geral.

Quando houver conflito de competência entre Subseções e Subseção e Conselho Seccional, quem decide é o Conselho Seccional (com possibilidade de recurso ao Conselho Federal – art. 119 do Regulamento Geral).

IMPORTANTE!

Existe a possibilidade de reexame necessário (duplo grau obrigatório) quando a decisão conflitar com orientação de órgão colegiado superior – art. 142 do Regulamento Geral.

Uma última lembrança: cabem recursos ao Conselho Federal contra decisões do Conselho Seccional, quando tal decisão for (art. 75 do Estatuto):

a) não unânime;

b) unânime que contrariar a lei ou decisão do Conselho Federal, ou de outro Conselho Seccional (ou, também, contrariar o Código de Ética e Disciplina, o Regulamento Geral ou Provimentos).

CUIDADO, CABEÇÃO!

O presidente do Conselho Seccional tem legitimidade para interpor recursos ao Conselho Federal – art. 75, par. ún., do Estatuto.

IMPORTANTE!

O Regulamento Geral trouxe para o Processo Disciplinar a regra processual do Princípio da Não Surpresa, inserido no art. 10 do CPC. Dessa forma, conforme o art. 144-B, do Regulamento Geral, não é autorizado qualquer decisão utilizando como fundamento o qual não se tenha dado às partes a oportunidade de manifestação (salvo, é claro, urgência):

> **Art. 144-B.** Não se pode decidir, em grau algum de julgamento, com base em fundamento a respeito do qual não se tenha dado às partes oportunidade de se manifestar anteriormente, ainda que se trate de matéria sobre a qual se deva decidir de ofício, salvo quanto às medidas de urgência previstas no Estatuto.

24.1 INCLUSÕES E ALTERAÇÕES NO ESTATUTO – LEI 14.365/2022 – COMENTÁRIOS

IMPORTANTE!

Contagem de prazos no Processo Disciplinar

Nos casos de comunicação por ofício reservado ou de notificação pessoal, considera-se dia do começo do prazo o primeiro dia útil imediato ao da juntada aos autos do respectivo aviso de recebimento.

Ou seja, simplesmente respeitando-se a legislação processual civil – na verdade, corrigiu-se o equívoco da norma revogada (que determinada o inicio da prazo da notificação).

24.2 TERMO DE AJUSTAMENTO DE CONDUTA – TAC

TAC – Termo de Ajustamento de Conduta

Arts. 47-A e 58-A do Código de Ética
Provimento 200 do Conselho Federal da OAB

O TAC é uma forma de suspensão do Processo Administrativo/Disciplinar, nos casos de infrações relacionadas a:

a) Publicidade Irregular; ou

b) Pena de Censura (quando não houver gerado repercussão negativa para a classe).

Tem direito ao TAC tanto o advogado quanto o estagiário – desde que PRIMÁRIO (ou REABILITADO).

CUIDADO!

- Não se aplica o TAC quando for imputado mais de uma infração ou violação simultânea;
- Não se aplico o TAC aos processos com condenação já transitada em julgado.

DICA OLHOS DE TIGRE: A oferta do TAC pode ocorrer de ofício (quando o acusado será notificado para se manifestar em 15 dias, sendo que o silêncio será considerado recusa).

Também é possível que o acusado requeira o TAC.

A assinatura do TAC gera as seguintes obrigações:

- Que a conduta infracional cesse, imediatamente;
- Caso a conduta tenha gerado danos, que esses sejam reparados; e
- O compromisso de não praticar novamente os mesmos atos infracionais.

IMPORTANTE! A assinatura do TAC gera a suspensão do processo por 3 anos – e durante este prazo NÃO corre prescrição.

DICA OLHOS DE TIGRE: Não será autorizado novo TAC se a nova conduta infracional for cometida até três anos depois de assinatura de TAC anterior (art. 4º, parágrafo segundo do Provimento 200).

O TAC foi regulamentado no Provimento 200/2020 nos seguintes termos:

> **Art. 1º** O Termo de Ajustamento de Conduta - TAC previsto nos arts. 47-A e 58-A do Código de Ética e Disciplina da OAB - CED, a ser celebrado entre o Conselho Federal ou os Conselhos Seccionais com

advogados ou estagiários inscritos nos quadros da Instituição, aplica-se às hipóteses relativas à publicidade profissional (art. 39 a art. 47 do CED) e às infrações disciplinares puníveis com censura (art. 36 do EAOAB).

Art. 2° Somente será permitida a formalização do TAC previsto neste Provimento ao advogado ou estagiário que, detentor de regular inscrição nos quadros da OAB, não tiver contra si condenação transitada em julgado por representação ético-disciplinar, ressalvando-se as hipóteses de reabilitação.

Parágrafo único. O TAC previsto neste Provimento não se aplica às hipóteses em que ao advogado ou estagiário seja imputada a prática de mais de uma infração ético-disciplinar ou conduta que caracteriza violação simultânea de outros dispositivos do Estatuto da Advocacia e da OAB, além daqueles referidos no art. 1°, bem como aos processos éticos-disciplinares com condenação transitada em julgado.

Art. 3° Constatada hipótese de prática da infração elencada no art. 1° deste Provimento, o órgão competente providenciará, de ofício ou a requerimento, a preparação do TAC, contendo as seguintes informações:

I - qualificação do advogado ou do estagiário;

II - descrição da conduta imputada, com informação da data da ocorrência e do meio utilizado;

III - certidão de regular inscrição na OAB e certidão negativa ou positiva sobre a existência de punições anteriores transitadas em julgado;

IV - a capitulação da infração correspondente;

V – os termos do ajustamento de conduta a ser celebrado.

§ 1° O advogado ou o estagiário será notificado para, em 15 (quinze) dias, manifestar seu interesse em aderir ao Termo de Ajustamento de Conduta, presumindo-se a recusa em caso falta de manifestação.

§ 2° Em se tratando de competência de Conselho Seccional da OAB, o TAC será celebrado conforme dispuser o respectivo Regimento.

§ 3° No âmbito do Conselho Federal, o TAC será celebrado pelo Relator do processo, com a subsequente homologação pela Turma da Segunda Câmara correspondente.

Art. 4° O advogado ou o estagiário interessado obrigar-se-á a cessar a conduta objeto do TAC, reparar o dano eventualmente causado, fazer cessar os efeitos da infração, quando for o caso, bem como a se abster de praticar a mesma conduta no prazo fixado no instrumento correspondente.

§ 1° A celebração do TAC implicará na suspensão condicional do procedimento ou do processo ético-disciplinar instaurado, pelo prazo de 03 (três) anos, após o qual será arquivado definitivamente, sem anotações nos assentos profissionais.

§ 2° Será vedada a celebração do TAC por advogado ou estagiário já beneficiado com o instituto nos 03 (três) anos anteriores à conduta a ser apurada.

§ 3° No caso de descumprimento dos termos celebrados, o TAC perderá seus efeitos e o processo disciplinar retomará seu trâmite.

§ 4° Durante o prazo de suspensão previsto no TAC não fluem os prazos prescricionais.

Art. 5° Caberá, no âmbito das Seccionais, ao Tribunal de Ética e Disciplina acompanhar o cumprimento dos Termos do Ajustamento de Conduta celebrado e, no âmbito do Conselho Federal, ao Presidente da Turma da Segunda Câmara correspondente.

Art. 6° Aplicam-se as disposições deste provimento aos processos disciplinares em trâmite na data da sua publicação, ainda não transitados em julgado, e desde que cumpridos os requisitos aqui previstos, cabendo aos órgãos nos quais se encontrem atualmente, notificar o advogado ou estagiário a se manifestar, no prazo de 15 (quinze) dias, sobre o interesse na celebração do TAC. Não havendo manifestação, será presumida a recusa, prosseguindo-se a tramitação normal.

Parágrafo único. Nos casos de processos com recurso em trâmite perante grau superior ao Tribunal de Ética e Disciplina, havendo manifestação de interesse na celebração do TAC, pelo representado, no prazo legal, serão os autos remetidos ao Conselho Seccional, para que, nos termos de seu regimento interno, celebre o ajuste.

QUESTÕES PARA ESTUDO

- **Prova: FGV – 2019 – OAB – Exame de Ordem Unificado – XXIX – Primeira Fase**

O Conselho Seccional X da OAB proferiu duas decisões, ambas unânimes e definitivas, em dois processos distintos. Acerca da matéria que é objeto do processo 1, há diversos julgados, em sentido diametralmente oposto, proferidos pelo Conselho Seccional Y da OAB. Quanto ao processo 2, há apenas uma decisão contrária, outrora proferida pelo Conselho Federal da OAB. De acordo com a situação narrada, assinale a afirmativa correta.

a) Cabe recurso da decisão proferida no processo 1 ao Conselho Federal da OAB, com fundamento na divergência com as decisões emanadas do Conselho Seccional Y. Também cabe recurso da decisão proferida no processo 2 ao Conselho Federal da OAB, com base na divergência com a decisão anterior do Conselho Federal.

b) Não cabe recurso da decisão proferida no processo 1 ao Conselho Federal da OAB, com fundamento na divergência com as decisões emanadas do Conselho Seccional Y. No entanto, cabe recurso da decisão proferida no processo 2 ao Conselho Federal da OAB, com base na divergência com a decisão anterior do Conselho Federal.

c) Cabe recurso da decisão proferida no processo 1 ao Conselho Federal da OAB, com fundamento na divergência com as decisões emanadas do

Conselho Seccional Y. No entanto, não cabe recurso da decisão proferida no processo 2 ao Conselho Federal da OAB, com base na divergência com a decisão anterior do Conselho Federal.

d) Não cabem recursos das decisões proferidas no processo 1 e no processo 2, tendo em vista a definitividade das decisões emanadas do Conselho Seccional.

RESPOSTA: LETRA A – Art. 75 do Estatuto da Advocacia e da OAB.

- **Prova: FGV – 2019 – OAB – Exame de Ordem Unificado – XXVIII – Primeira Fase**

Gabriel, advogado, teve aplicada contra si penalidade de suspensão, em razão da prática das seguintes condutas: atuar junto a cliente para a realização de ato destinado a fraudar a lei; recusar-se a prestar contas ao cliente de quantias recebidas dele e incidir em erros reiterados que evidenciaram inépcia profissional. Antes de decorrido o prazo para que pudesse requerer a reabilitação quanto à aplicação dessas sanções e após o trânsito em julgado das decisões administrativas, instaurou se contra ele, em razão dessas punições prévias, novo processo disciplinar. Com base no caso narrado, assinale a opção que indica a penalidade disciplinar a ser aplicada.

a) De exclusão, para a qual é necessária a manifestação da maioria absoluta dos membros do Conselho Seccional competente.
b) De suspensão, que o impedirá de exercer o mandato e implicará o cancelamento de sua inscrição na OAB.
c) De exclusão, ficando o pedido de nova inscrição na OAB condicionado à prova de reabilitação.
d) De suspensão, que o impedirá de exercer o mandato e o impedirá de exercer a advocacia em todo o território nacional, pelo prazo de doze a trinta meses.

RESPOSTA: LETRA C – Art. 38, I, c/c art. 41 do Estatuto da Advocacia e da Ordem dos Advogados do Brasil.

- **Prova: FGV – 2019 – OAB – Exame de Ordem Unificado – XXVIII – Primeira Fase**

Maria teve processo disciplinar recém instaurado contra si pelo Conselho Seccional da OAB, no qual está inscrita. No dia seguinte à sua notificação por meio de edital, encontra-se no fórum com Tânia, sua ex-colega de faculdade, que veio comentar com Maria sobre o conteúdo do referido processo. De acordo com o Estatuto da OAB, Tânia poderia conhecer o conteúdo do processo disciplinar instaurado, em face de Maria,

a) por qualquer meio, dada a natureza pública de sua tramitação.
b) se fosse parte, defensora de parte ou autoridade judiciária competente, dada a natureza sigilosa de sua tramitação.
c) caso tivesse tido acesso à notificação inicial, feita por meio de edital, dada a natureza pública de sua tramitação.
d) em nenhuma hipótese, dada a natureza sigilosa de sua tramitação.

RESPOSTA: LETRA B – Art. 72, § 2º, do Estatuto da Advocacia e da Ordem dos Advogados do Brasil.

■ **Prova: FGV – 2018 – OAB – Exame de Ordem Unificado – XXV – Primeira Fase**

O Tribunal de Ética e Disciplina de certo Conselho Seccional da OAB decidiu pela suspensão preventiva do advogado Hélio, acusado em processo disciplinar. Hélio, todavia, interpôs o recurso cabível contra tal decisão. Considerando as regras sobre os recursos em processos que tramitam perante a OAB, bem como a situação descrita, assinale a afirmativa correta.

a) Em regra, os recursos em processos que tramitam perante a OAB têm efeito suspensivo. Assim, no caso narrado, o recurso interposto por Hélio será dotado do aludido efeito.
b) Em regra, os recursos em processos que tramitam perante a OAB não têm efeito suspensivo. Todavia, nesse caso, excepcionalmente, pode ser atribuído o efeito, se demonstrada a probabilidade de provimento ou se, sendo relevante a fundamentação, o recorrente indicar risco de dano grave ou de difícil reparação.
c) Em regra, os recursos em processos que tramitam perante a OAB têm efeito suspensivo. Todavia, o recurso manejado por Hélio se inclui em hipótese excepcional, na qual é vedado o efeito suspensivo.
d) Em regra, os recursos em processos que tramitam perante a OAB não têm efeito suspensivo, não sendo permitida a concessão de tal efeito por decisão da autoridade julgadora. Assim, no caso narrado, o recurso interposto por Hélio não será dotado de efeito suspensivo.

RESPOSTA: LETRA C – Art. 77 do Estatuto da Advocacia e da Ordem dos Advogados do Brasil.

■ **Prova: FGV – 2018 – OAB – Exame de Ordem Unificado – XXV – Primeira Fase**

Lina, cidadã que não exerce a advocacia, deseja endereçar à presidência de certa Subseção da OAB representação pela instauração de processo disciplinar em face de determinado advogado, pelo cometimento de infrações éticas. Assim, ela busca se informar sobre como pode oferecer tal representação e qual a forma adequada para tanto. De acordo com o disposto no Código de Ética e Disciplina da OAB, Lina poderá oferecer representação pela instauração de processo disciplinar em face do advogado, mas

a) deve endereçá-la ao presidente do respectivo Conselho Seccional, uma vez que receber e processar representações com tal conteúdo não se inclui entre as atribuições das Subseções. A representação poderá ser realizada por escrito ou verbalmente, com ou sem identificação do representante.
b) deve formulá-la ao presidente do Conselho Seccional ou ao presidente da Subseção. A representação poderá ser realizada por escrito ou verbalmente, mas é necessária a identificação do representante, sob pena de não ser considerada fonte idônea.
c) deve endereçá-la ao presidente do respectivo Conselho Seccional, uma vez que não se inclui entre as atribuições das Subseções receber e processar representações com tal conteúdo. A representação deverá ser realizada por escrito, não sendo consideradas fontes idôneas as representações verbais ou sem identificação do representante.
d) deve formulá-la ao presidente do Conselho Seccional ou ao presidente da Subseção. A representação poderá ser realizada por escrito ou

verbalmente, com ou sem identificação do representante. Será considerada fonte idônea ainda que oferecida sem a identificação do representante.

RESPOSTA: LETRA B – Art. 55, c/c art. 56 do Código de Ética e Disciplina da OAB.

A nossa maior glória não reside no fato de nunca cairmos, mas sim em levantarmo-nos sempre depois de cada queda.

Confúcio

25

PRESCRIÇÃO (ART. 43 DO ESTATUTO)

A prescrição da pretensão punitiva ocorre após cinco anos da ciência oficial dos atos que poderiam gerar a abertura de um processo disciplinar – art. 43 do Estatuto.

Esse prazo será interrompido pelas seguintes circunstâncias – art. 43, § 2°, do Estatuto:

a) Instauração do processo disciplinar;

b) Notificação regular do acusado;

c) Decisão condenatória recorrível.

CUIDADO, CABEÇÃO!

No decorrer do processo, é possível acontecer a **PRESCRIÇÃO INTERCORRENTE**, identificada pela paralisação do processo disciplinar por mais de **3 (três anos)** (art. 43, § 1°, do Estatuto).

QUESTÕES PARA ESTUDO

- **Prova: FGV – 2016 – OAB – Exame de Ordem Unificado – XX – Primeira Fase**

A advogada Dolores cometeu infração disciplinar sujeita à sanção de suspensão em 12-7-2004. Em 13-7-2008 o fato foi oficialmente constatado, tendo sido encaminhada notícia a certo Conselho Seccional da OAB. Em 14-7-2010 foi instaurado processo disciplinar. Em 15-7-2012 foi aplicada definitivamente a sanção disciplinar de suspensão.

Sobre o tema, assinale a afirmativa correta.

a) A pretensão à punibilidade das infrações disciplinares prescreve em oito anos. No caso narrado, não se operou o fenômeno prescritivo.
b) A pretensão à punibilidade das infrações disciplinares prescreve em cinco anos. No caso narrado, operou se o fenômeno prescritivo, pois decorridos mais de cinco anos entre a data do fato e a instauração do processo disciplinar.
c) A pretensão à punibilidade das infrações disciplinares prescreve em oito anos. No caso narrado, operou se o fenômeno prescritivo, pois decorridos mais de oito anos entre a data do fato e a aplicação definitiva da sanção disciplinar.
d) A pretensão à punibilidade das infrações disciplinares prescreve em cinco anos. No caso narrado, não se operou o fenômeno prescritivo.

RESPOSTA: LETRA D – Art. 43 do Estatuto da Advocacia e da Ordem dos Advogados do Brasil.

- **Prova: FGV – 2018 – OAB – Exame de Ordem Unificado – XXV – Primeira Fase**

Carlos praticou infração disciplinar, oficialmente constatada em 09 de fevereiro de 2010. Em 11 de abril de 2013, foi instaurado processo disciplinar para apuração da infração, e Carlos foi notificado em 15 de novembro do mesmo ano. Em 20 de fevereiro de 2015, o processo ficou pendente de julgamento, que só veio a ocorrer em 1° de março de 2018. De acordo com o Estatuto da OAB, a pretensão à punibilidade da infração disciplinar praticada por Carlos

a) está prescrita, tendo em vista o decurso de mais de três anos entre a constatação oficial da falta e a instauração do processo disciplinar.
b) está prescrita, tendo em vista o decurso de mais de seis meses entre a instauração do processo disciplinar e a notificação de Carlos.
c) está prescrita, tendo em vista o decurso de mais de três anos de paralisação para aguardar julgamento.
d) não está prescrita, tendo em vista que não decorreram cinco anos entre cada uma das etapas de constatação, instauração, notificação e julgamento.

RESPOSTA: LETRA C – Art. 43 do Estatuto da Advocacia e da Ordem dos Advogados do Brasil.

Cada dia traz sua alegria e sua pena,
e também sua lição proveitosa.

José Saramago

26

REABILITAÇÃO
(ART. 41 DO ESTATUTO)

Tem direito advogado punido de pretender a reabilitação, uma forma de, ultrapassado determinado prazo, afastar dos seus assentamos e registros a referência sobre a punição sofrida (maneira de "limpar a ficha").

O Estatuto prevê de forma expressa – art. 41 – que será permitido requerer, após um ano do cumprimento da pena, a reabilitação.

A competência para conceder a reabilitação é do Conselho Seccional (art. 69 do Código de Ética e Disciplina) – todavia, se a decisão condenatória foi do Conselho Federal, a reabilitação deverá ser requerida perante tal Conselho (art. 69, § 1°, do Código de Ética e Disciplina).

DICA OLHOS DE TIGRE: Quando a pena disciplinar decorrer de condenação criminal, a reabilitação perante a OAB exigirá, primeiro, a reabilitação criminal prevista no art. 94 do Código Penal (art. 41, par. ún., do Estatuto).

QUESTÕES PARA ESTUDO

- **Prova: FGV – 2011 – OAB - Exame de Ordem Unificado – V – Primeira Fase**

José foi condenado criminalmente, com sentença transitada em julgado, e, paralelamente, punido também em processo disciplinar perante a OAB em função dos mesmos atos que resultaram naquela condenação criminal.

Nos termos das normas estatutárias, é correto afirmar que

a) a reabilitação administrativa independe da criminal.
b) ambas as reabilitações podem tramitar paralelamente.
c) a reabilitação administrativa é pressuposto da criminal.
d) é pressuposto da reabilitação à OAB o deferimento da criminal.

RESPOSTA: LETRA D – Art. 41 do Estatuto da Advocacia e da Ordem dos Advogados do Brasil.

- **Prova: FGV – 2018 – OAB – Exame de Ordem Unificado – XXVI – Primeira Fase**

Júlio Silva sofreu sanção de censura por infração disciplinar não resultante da prática de crime; Tatiana sofreu sanção de suspensão por infração disciplinar não resultante da prática de crime; e Rodrigo sofreu sanção de suspensão por infração disciplinar resultante da prática de crime ao qual foi condenado. Transcorrido um ano após a aplicação e o cumprimento das sanções, os três pretendem obter a reabilitação, mediante provas efetivas de seu bom comportamento. De acordo com o EOAB, assinale a afirmativa correta.

a) Júlio e Tatiana fazem jus à reabilitação, que pode ser concedida após um ano mediante provas efetivas de bom comportamento, nos casos de qualquer sanção disciplinar. O pedido de Rodrigo, porém, depende também da reabilitação criminal.
b) Apenas Júlio faz jus à reabilitação, que pode ser concedida após um ano mediante provas efetivas de bom comportamento, somente nos casos de sanção disciplinar de censura.
c) Todos fazem jus à reabilitação, que pode ser concedida após um ano mediante provas efetivas de bom comportamento, nos casos de qualquer sanção disciplinar, independentemente se resultantes da prática de crime, tendo em vista que são esferas distintas de responsabilidade.
d) Ninguém faz jus à reabilitação, que só pode ser concedida após dois anos mediante provas efetivas de bom comportamento, nos casos de sanção disciplinar de censura, e após três anos nos casos de sanção disciplinar de suspensão.

RESPOSTA: LETRA A – Art. 41 do Estatuto da Advocacia e da Ordem dos Advogados do Brasil.

QUATRO OBSERVAÇÕES SOBRE O CÓDIGO DE ÉTICA E DISCIPLINA

Importante também, e ao final, trazer algumas regras específicas de e para atuação do advogado inseridas no Código de Ética e Disciplina.

Perceba-se, então:

1. Conforme o art. 2º, par. ún., VIII, deve o advogado ABSTER-SE de:

a) utilizar de influência indevida, em seu benefício ou do cliente;

b) vincular seu nome ou nome social a empreendimentos sabidamente escusos;

c) emprestar concurso aos que atentem contra a ética, a moral, a honestidade e a dignidade da pessoa humana;

d) entender-se diretamente com a parte adversa que tenha patrono constituído, sem o assentimento deste;

e) ingressar ou atuar em pleitos administrativos ou judiciais perante autoridades com as quais tenha vínculos negociais ou familiares;

f) contratar honorários advocatícios em valores aviltantes.

2. Dever de lealdade e boa-fé também está inserido no art. 6º, ao afirmar que é proibido (defeso) postular em juízo (ou na via administrativa) alterando a verdade ou utilizando se de má-fé.

3. As regras gerais da advocacia se aplicam aos advogados públicos – art. 8º.

4. Dever de informação – na relação com o cliente, o advogado tem o dever de informar, de modo claro, os riscos da pretensão e as consequências da demanda (a fim de evitar demandas temerárias (art. 9º).

DICAS A SEREM OBSERVADAS NO DIA DA PROVA

DICA 1 • Inscrição principal

Feita perante o Conselho Seccional (sessão estadual da OAB) onde o advogado exercerá a advocacia com habitualidade.

Habilita o advogado a exercer a advocacia em todo o território nacional.

Obedece aos requisitos do art. 8º do Estatuto.

O advogado deve pagar anuidade.

DICA 2 • Inscrição suplementar

Feita perante outro Conselho Seccional (diverso daquele onde o advogado tem sua inscrição principal).

É permitida uma por Conselho Seccional (para cada inscrição, será necessário o pagamento de uma anuidade).

É facultativa.

Será obrigatória:

a) Quando o advogado tiver mais do que cinco ações em Conselho Seccional onde não tenha inscrição principal;

b) Quando o advogado for sócio de sociedade registrada em conselho seccional onde não tem inscrição principal.

DICA 3 • Advocacia *pro bono*

Tem como características a GEV – Gratuidade, Eventualidade e Voluntariedade.

Permitida para as pessoas naturais hipossuficientes e para pessoas jurídicas com fins filantrópicos ou sem fins lucrativos (bem como para as pessoas naturais assistidas por tais entidades).

Não será permitido o exercício da advocacia *pro bono* para instituições (mesmo que sejam filantrópicas e sem fins lucrativos) com fins políticos e partidários ou com objetivo de captar clientela ou fazer publicidade.

DICA 4 • Incompatibilidade e impedimento

Incompatibilidade – proibição total do exercício da advocacia.

Impedimento – proibição parcial (limitação) ao exercício da advocacia.

Incompatibilidade definitiva gerará cancelamento da inscrição.

Incompatibilidade provisória gerará licenciamento da inscrição.

DICA 5 • Prisão do advogado – local da prisão

Ordem de prisão não definitiva (preventiva, cautelar, provisória) contra o advogado, independentemente do tipo de crime, gera direito/prerrogativa de ser recolhido em cela especial (tal direito persiste até o trânsito em julgado – após o trânsito em julgado sentença penal condenatória, ele perde o direito a cela especial/sala de estado maior).

DICA 6 • Prisão em flagrante

Prisão em flagrante em decorrência do exercício da advocacia exige, para a lavratura do flagrante, a presença de representante da OAB sob pena de nulidade (da prisão em flagrante).

DICA 7 • Direito da advogada

A advogada que deu à luz ou adotou tem direito à suspensão de prazos processuais pelo prazo de 30 (trinta) dias (desde que seja a única advogada nos autos e que notifique o cliente).

Esse mesmo direito foi estendido ao advogado que teve filho ou adotou, com suspensão de prazo processual pelo prazo de 8 (oito) dias (da mesma forma que a advogada, desde que seja o único advogado nos autos e notifique o cliente).

DICA 8 • Honorários advocatícios

Honorários contratuais/particulares são aqueles fixados entre cliente e advogado.

Honorários de sucumbência são fixados pelo Poder Judiciário: o devedor será a parte que perdeu (vencida na ação) e quem recebe o crédito (credor) será o advogado da parte que ganhou (vencedora).

O advogado tem o direito de receber honorários contratuais (do seu cliente) e de sucumbência (da parte vencida) – um não afasta o outro.

Honorários *quota litis* é forma de contratação de honorários entre advogado e cliente (contratuais então), na qual fica acertado que o advogado receberá um percentual sobre o sucesso/resultado na demanda (ação) – objetivamente, um percentual sobre os valores recebidos pelo cliente.

O Código de Ética e Disciplina proíbe que o advogado, somados os honorários de sucumbência e os *quota litis*, receba mais que seu cliente.

DICA 9 • Eleições e voto

Os advogados votam, de forma direta, para a chapa do Conselho Seccional (Diretoria, Conselheiros Seccionais, Diretoria da CAA e três Conselheiros Federais).

Os advogados votam, de forma direta, para a chapa da Subseção (Diretoria – se houver mais de cem advogados vinculados à subseção, poderá constar da chapa a nominata dos Conselheiros da Subseção).

A Diretoria do Conselho Federal será eleita pelos Conselheiros Federais (três de cada Conselho Seccional, eleitos na chapa vencedora do respectivo Conselho).

O voto é obrigatório para os advogados (deixar de votar acarreta multa de 20% sobre o valor da anuidade).

Estão proibidos de votar os advogados inadimplentes.

Estagiário inscrito na OAB não tem direito de votar.

DICA 10 • Advogado empregado

É contado (contabilizado) como horário de trabalho o tempo que o advogado empregado fica à disposição de seu empregador.

Horas extras são no percentual de 100%.

Horas noturnas – 20h às 5h – são no percentual de 25%.

Os honorários de sucumbência pertencem ao advogado empregado, salvo acerto expresso com o empregador (ou seja, o advogado empregado pode abrir mão, em favor do empregador, dos honorários sucumbenciais – ou também partilhar tal verba honorária com seu patrão).

DICA 11 • Sociedade de advogados

Pode ser simples (dois ou mais advogados) ou unipessoal (um advogado).

Somente pode ser composta por advogados.

Somente pode prestar serviços advocatícios.

Adquire personalidade com o registro perante o Conselho Seccional.

O advogado somente pode ser sócio de uma sociedade por Conselho Seccional.

A responsabilidade dos sócios é Ilimitada e subsidiária.

DICA 12 • Carga e vista de autos

O advogado tem direito a ter vista (olhar, tirar cópia, tomar anotações) de qualquer processo (judicial, administrativo – inclusive inquérito policial) – SEM A NECESSIDADE DE PROCURAÇÃO.

A procuração será necessária, para ter vista, quando os autos estiverem sob sigilo/segredo.

Para ter carga, será necessária a procuração.

Não será necessária a procuração para ter carga de autos arquivados (salvo se tal processo tramitou em segredo de justiça – nesse caso, mesmo para processo arquivado, será necessária a procuração).

DICA 13 • Desagravo

Resposta da OAB contra ofensa a direitos/prerrogativas.

Quem autoriza é o Conselho Seccional (salvo quando a ofensa for contra Conselheiro Federal ou Presidente do Conselho Seccional – nesse caso, quem autoriza é o Conselho Federal).

De forma excepcional, a Diretoria do Conselho Seccional pode autorizar o desagravo (no caso de urgência ou notoriedade).

A decisão determinando (ou não) o desagravo deve acontecer em 60 (sessenta) dias (uma vez autorizado, a sessão de desagravo deve ocorrer em 30 [trinta] dias).

DICA 14 • Sanções disciplinares

CENSURA – não é pública; ato contrário ao Código de Ética e Disciplina; pode ser atenuada e substituída por advertência.

SUSPENSÃO – é pública; aplicável quanto a infrações que digam respeito a dinheiro, retenção de autos, condutas inapropriadas ou incompetência profissional.

Também pode ser aplicada no caso de reincidência.

EXCLUSÃO – é pública e gera o cancelamento da inscrição.

Aplicável no caso de prova falsa de inscrição, de condenação criminal por crime infamante ou após três penas de suspensão.

Para ser aplicada, será necessária a decisão de dois terços do Conselho Seccional (confirmando a pena de exclusão).

MULTA – pena acessória (não pode ser aplicada sozinha).

Somente será aplicada em conjunto com a censura ou a suspensão (não será aplicada com a exclusão).

É permitido requerer, após um ano do cumprimento da pena, a reabilitação (com provas de bom comportamento) – se a sanção disciplinar resultar da prática de crime, o pedido de reabilitação depende também da correspondente reabilitação criminal.

DICA 15 • Publicidade

É vedada em:

a) rádio, cinema e televisão;
b) *outdoors*, painéis luminosos ou formas assemelhadas;
c) inscrições em muros, paredes, veículos, elevadores ou em qualquer espaço público (exclusivamente para fins de identificação dos escritórios de advocacia, é permitida a utilização de placas, painéis luminosos e inscrições em suas fachadas);
d) divulgação de serviços de advocacia juntamente com a de outras atividades ou a indicação de vínculos entre uns e outras.

Não será permitida a menção a qualquer emprego, cargo ou função ocupado, atual ou pretérito, em qualquer órgão ou instituição, salvo o de professor universitário.

A ÚLTIMA LEITURA ANTES DA PROVA...

Esperança

Lá bem no alto do décimo segundo andar do Ano
Vive uma louca chamada Esperança
E ela pensa que quando todas as sirenas
Todas as buzinas
Todos os reco recos tocarem
Atira-se
E
– ó delicioso voo!
Ela será encontrada miraculosamente incólume na calçada,
Outra vez criança...
E em torno dela indagará o povo:
– Como é teu nome, meninazinha de olhos verdes?
E ela lhes dirá
(É preciso dizer lhes tudo de novo!)
Ela lhes dirá bem devagarinho, para que não esqueçam:
– O meu nome é ES PE RAN ÇA...

Mário Quintana

ANEXOS

ceisc

Legislação da Ordem dos Advogados

Normas

- Estatuto da Advocacia e a OAB - Lei Federal (ordinária) nº 8.906/1994
- Regulamento Geral do Estatuto da Advocacia e da OAB
- Código de Ética e Disciplina

Importante: A legislação para o estudo deve estar atualizada até a data do edital.

Natureza jurídica da OAB

- Tem natureza jurídica especial e única, sui generis;
- Executa serviço público federal, porém não equiparável à autarquia nem à entidade paraestatal (ADI nº 3.026/DF).

Características da OAB

- Sem vínculo com a Administração Pública;
- Imunidade Tributária (bens, rendas e serviços);
- Membro da Diretoria ou Conselheiro: atividade gratuita (não são remunerados);
- Pode criar seu próprio título executivo (conforme o art. 46, §1º, do Estatuto da Advocacia e da OAB).

Órgãos de Gestão da OAB

Conselho Federal

Arts. 51 a 55 do Estatuto

1. Presidente;
2. Diretoria;
3. Câmaras julgadoras;
4. Órgão especial do conselho pleno;
5. Conselho Pleno.

Importante!

- O voto é por delegação (na eleição para diretoria o voto é individual de cada Conselheiro Federal);
- A competência do Conselho Federal está instituída nos incisos do art. 54 do Estatuto.

Subseção

Arts. 60 e 61 do Estatuto

A Subseção é parte autônoma do Conselho Seccional, abrange um ou mais municípios, desde que possua, pelo menos, 15 advogados a ela vinculados, de acordo com o art. 60 do Estatuto.

Quando tiver mais de cem advogados inscritos e vinculados, a subseção pode criar seu Conselho, conforme o § 3º do art. 60 do Estatuto.

Conselhos Seccionais

Arts. 56 a 59 do Estatuto

Um Conselho Seccional por Estado. É composto do Presidente e sua Diretoria, bem como dos Conselheiros Estaduais (estes têm direito de votar, de decidir e deliberar – e o voto é unipessoal, diferente do Conselho Federal, que é por delegação.

Caixa de Assistência dos Advogados

Art. 62 do Estatuto

A Caixa de Assistência dos Advogados (CAA) é vinculada ao Conselho Seccional e tem como objetivo prestar assistência aos advogados inscritos (órgão assistencial).

Tribunal de Ética e disciplina (TED)

Art. 71 do Código de Ética e Disciplina

Importante: a principal atribuição será de julgar, em primeiro grau, o processo disciplinar – seria a primeira instância (a segunda instância seria uma das Câmaras vinculadas ao Conselho Seccional, ou seja, o recurso contra decisão do TED).

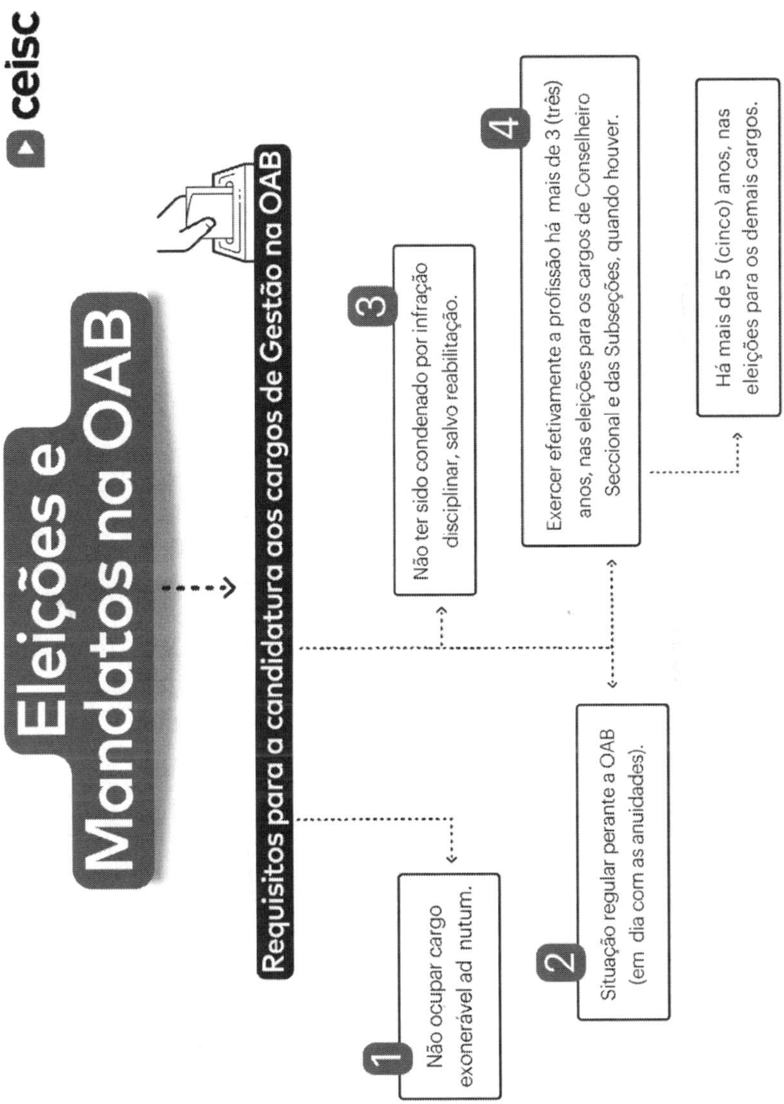
ceisc
Eleições e Mandatos na OAB
Requisitos para a candidatura aos cargos de Gestão na OAB
1
Não ocupar cargo exonerável ad nutum.
2
Situação regular perante a OAB (em dia com as anuidades).
3
Não ter sido condenado por infração disciplinar, salvo reabilitação.
4
Exercer efetivamente a profissão há mais de 3 (três) anos, nas eleições para os cargos de Conselheiro Seccional e das Subseções, quando houver.
Há mais de 5 (cinco) anos, nas eleições para os demais cargos.

Inscrição na OAB, Licenciamento e Cancelamento da Inscrição

Licenciamento

É a forma de interrupção temporária da inscrição

Importante:

O advogado licenciado não perde o número da sua inscrição, tampouco sua inscrição é cancelada.

Requisitos para inscrição na OAB

Art. 8º do Estatuto da Advocacia e a OAB

- A condição de Advogado se adquire com a inscrição na OAB (e não com a aprovação no Exame da OAB).
- A falta de idoneidade moral deve ser analisada pelo Conselho Seccional (por decisão de dois terços de seus membros), a fim de impedir a inscrição (sendo concedido ao interessado o direito ao contraditório).

Atenção!

As atividades incompatíveis com a advocacia geram a proibição absoluta do exercício da advocacia (art. 28 do Estatuto da Advocacia e a OAB).

ceisc

Inscrição na OAB, Licenciamento e Cancelamento da Inscrição

Inscrição suplementar

A inscrição suplementar será obrigatória:

- Quando o advogado estiver atuando em mais de cinco causas em Conselho Seccional onde ele não tenha a inscrição principal;
- Quando o advogado for sócio de Sociedade de Advogados, deverá obrigatoriamente possuir inscrição (principal ou suplementar) perante o Conselho Seccional onde a sociedade foi registrada.

Importante: Para atuar nos Tribunais Superiores não haverá necessidade de Inscrição Suplementar.

Advogado estrangeiro

Para advogar no Brasil, o advogado deve se inscrever na OAB, submetendo-se aos mesmos requisitos do advogado brasileiro (terá, no entanto, que revalidar seu diploma, circunstância que não é de competência da OAB).

Cancelamento da inscrição

Configura interrupção definitiva do exercício da advocacia

Importante: a aplicação, por três vezes, da pena de suspensão gerará a pena de exclusão, que acarretará o cancelamento da inscrição.

Estagiário

Inscrição

Art. 9º do Estatuto da Advocacia e a OAB

Requisitos

- Capacidade civil;
- Título de eleitor e quitação do serviço militar, se brasileiro;
- Não exercer atividade incompatível com a advocacia;
- Idoneidade moral;
- Prestar compromisso perante o conselho;
- Ter sido admitido em estágio profissional de advocacia.

Atenção!

O estagiário tem direito de praticar todos os atos privativos da advocacia, desde que em conjunto com o advogado e sob a responsabilidade deste.

Aspectos importantes

ceisc

- É permitido ao bacharel em direito buscar inscrição como estagiário, na forma do art. 9º, § 4º, do Estatuto;
- Estagiário não pode fazer publicidade, nem mesmo em conjunto com o advogado;
- Possibilidade de o estágio profissional ser feito no regime de teletrabalho (art. 9º, §§ 5º e 6º, do Estatuto).

Cuidado:

Para atuar no processo, o estagiário deve aparecer na procuração ou no substabelecimento.

Atos que podem ser praticados pelo estagiário

Art. 29, §1º do Regulamento Geral

- Retirar e devolver autos em cartório, assinando a respectiva carga.
- Obter junto aos escrivães e chefes de secretarias certidões de peças ou autos de processos em curso ou findos.
- Assinar petições de juntada de documentos a processos judiciais ou administrativos.

ceisc

Advogado Empregado e Advocacia Pro Bono

Advogado empregado

Art. 18 do Estatuto

As atividades do advogado empregado poderão ser realizadas, a critério do empregador, em qualquer um dos seguintes regimes:

- Exclusivamente presencial;
- Não presencial, teletrabalho ou trabalho a distância;
- Misto.

O salário-mínimo será fixado em sentença normativa, salvo se ajustado em acordo ou convenção coletiva de trabalho (art. 19 do Estatuto).

Atenção:
Não estará obrigado à prestação de serviços profissionais de interesse pessoal dos empregadores, desde que fora da relação de emprego.

Atenção!

As horas trabalhadas que excederem a jornada normal de trabalho, são remuneradas por um adicional não inferior a cem por cento sobre o valor da hora normal, mesmo havendo contrato escrito (§ 2º do art. 20 do Estatuto).

As horas trabalhadas no período das vinte horas de um dia até as cinco horas do dia seguinte, são remuneradas como noturnas, acrescidas do adicional de vinte e cinco por cento.

Advocacia Pro Bono

Considera-se advocacia pro bono a prestação gratuita, eventual e voluntária de serviços jurídicos.

Importante!

Não poderá o advogado atuar como pro bono com objetivos político-partidários ou eleitorais, nem beneficiar instituições que visem a tais objetivos, ou como instrumento de publicidade para captação de clientela.

Atenção!

Os advogados que desempenharem a advocacia pro bono estão impedidos de exercer a advocacia remunerada, em qualquer esfera, para a pessoa natural ou jurídica que se utilize de seus serviços pro bono (Provimento CFOAB no 166/2015, art. 4º).

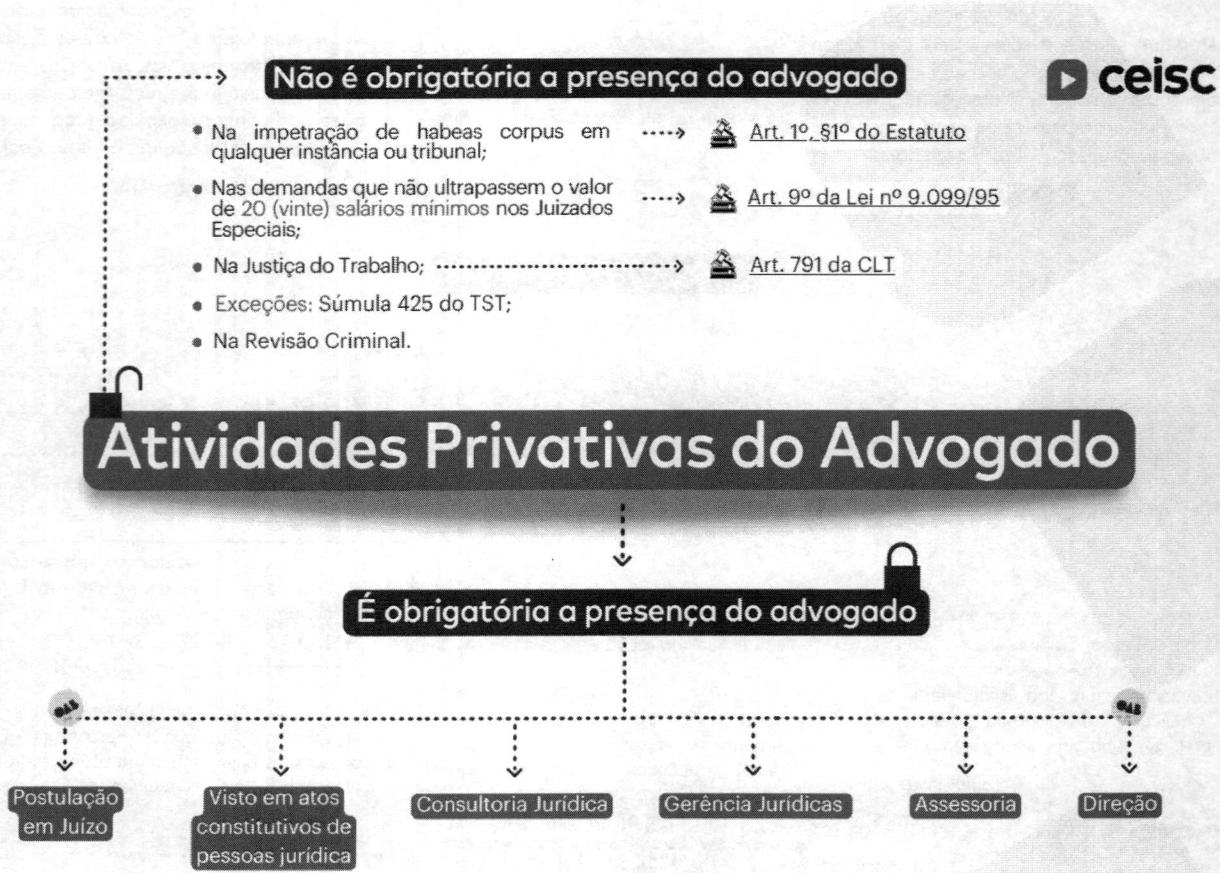
ceisc
Não é obrigatória a presença do advogado
Na impetração de habeas corpus em qualquer instância ou tribunal;
Art. 1º, §1º do Estatuto
Nas demandas que não ultrapassem o valor de 20 (vinte) salários mínimos nos Juizados Especiais;
Art. 9º da Lei nº 9.099/95
Na Justiça do Trabalho;
Art. 791 da CLT
Exceções: Súmula 425 do TST;
Na Revisão Criminal.
Atividades Privativas do Advogado
É obrigatória a presença do advogado
Postulação em Juízo
Visto em atos constitutivos de pessoas jurídica
Consultoria Jurídica
Gerência Jurídicas
Assessoria
Direção

Sociedade de Advogados

Conceito e formação da sociedade de advogados

Sociedade de advogados

- Pessoa jurídica, formada única e exclusivamente por advogados, com o objetivo de atuar em atividades privativas da advocacia.
- Adquire personalidade jurídica (passa a ser titular de direitos e obrigações) com o registro de seus atos constitutivos junto ao Conselho Seccional competente.

Importante: Não é registrada na Junta Comercial ou em outro Cartório Extrajudicial. O registro de seus atos constitutivos é junto ao Conselho Seccional competente.

Inscrição no Conselho Seccional

O sócio deve ter inscrição (principal ou suplementar) no Conselho Seccional onde a sociedade de advogados foi registrada.

Filial da Sociedade

A sociedade de advogados pode ter filial, desde que seja em outro Conselho Seccional (não poderá a sociedade ter filial no mesmo Conselho Seccional onde está a sociedade registrada).

Inclusão do art. 17-A do Estatuto

No art. 17-A do Estatuto, passa a ser prevista a figura do advogado associado, possibilitando que o advogado possa associar-se a uma ou mais sociedades de advogados ou a sociedades unipessoais de advocacia, sem vínculo empregatício, para prestação de serviços e participação nos resultados.

Importante: A figura do advogado associado é diferente do advogado sócio.

ceisc

Procuração e Mandato

Prazo

A procuração pode ter prazo determinado, contudo, se não contiver prazo, presume-se que ela tem eficácia até a conclusão da causa (art. 13 do CED).

Exceção

O advogado tem o direito de atuar sem procuração em casos de urgência- mas, o advogado deve juntar a procuração no prazo de 15 dias, podendo ser prorrogado por mais 15 dias (art. 104 do CPC e o art. 5ª, §1º do Estatuto).

Patrono já constituído

O advogado não pode aceitar procuração de quem já tenha patrono constituído, sem prévio conhecimento deste (art. 14 do CED).

Da responsabilidade

Notificado o cliente, o advogado ainda é responsável pelos atos processuais por dez dias, salvo se um novo profissional se habilite antes de terminado tal prazo, na forma do §3º do art. 5º do Estatuto. Ainda, não há necessidade de a renúncia ser motivada.

Revogação

Revogação do mandado judicial é uma forma de extinção da procuração e dos poderes nela outorgados por iniciativa do cliente (art. 17 do CED)

Renúncia

A renúncia cessa a responsabilidade profissional e será requerida pelo advogado (art. 16 do CED)

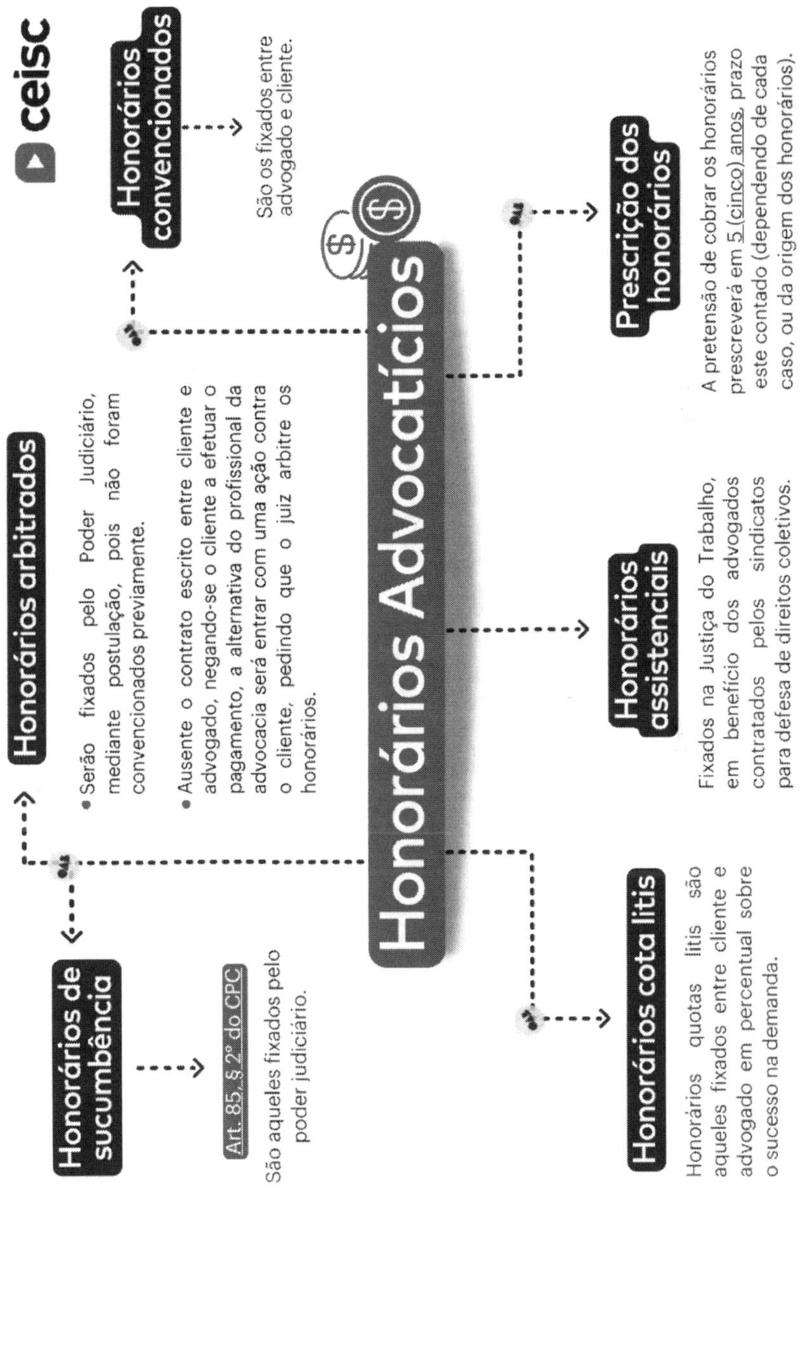
ceisc
Honorários Advocatícios
Honorários de sucumbência
Art. 85, § 2º do CPC
São aqueles fixados pelo poder judiciário.
Honorários arbitrados
Serão fixados pelo Poder Judiciário, mediante postulação, pois não foram convencionados previamente.
Ausente o contrato escrito entre cliente e advogado, negando-se o cliente a efetuar o pagamento, a alternativa do profissional da advocacia será entrar com uma ação contra o cliente, pedindo que o juiz arbitre os honorários.
Honorários convencionados
São os fixados entre advogado e cliente.
Honorários cota litis
Honorários quotas litis são aqueles fixados entre cliente e advogado em percentual sobre o sucesso na demanda.
Honorários assistenciais
Fixados na Justiça do Trabalho, em benefício dos advogados contratados pelos sindicatos para defesa de direitos coletivos.
Prescrição dos honorários
A pretensão de cobrar os honorários prescreverá em 5 (cinco) anos, prazo este contado (dependendo de cada caso, ou da origem dos honorários).

Direitos e Prerrogativas do Advogado

Desagravo

Art. 18 e 19 do Regulamento Geral

O desagravo é a forma que a OAB tem, como instituição de classe, de responder a ofensas exaradas contra advogados no exercício (ou em razão) da profissão.

Sigilo Profissional

O sigilo profissional do advogado é inerente à profissão – não depende de cláusula de confidencialidade.

Importante!

Abrange toda e qualquer comunicação entre cliente e advogado.

Exceções

- Em defesa própria;
- Grave ameaça ao direito à vida, à honra;
- Quando o advogado se veja afrontado pelo próprio cliente.

Exame de autos

O advogado tem direito a vistas dos autos em andamento (ou arquivados), mesmo sem procuração – este direito garante a possibilidade de tirar cópia e fazer apontamentos.

Atenção!

Porém, caso os autos estejam protegidos por sigilo, para ter acesso será necessária a procuração.

- Para ter vista dos autos → sem procuração
- Para ter carga dos autos → com procuração

Relação com o Magistrado

Possibilidade de conversar com o juiz independentemente de hora marcada (ser atendido).

Exame de inquérito policial

- Tem direito o advogado de fazer cópias e apontamentos de autos de prisão em flagrante ou inquérito policial, findo ou em andamento, mesmo sem procuração.
- Será necessária a procuração apenas quando o Inquérito Policial estiver sob sigilo.

Direitos e Prerrogativas do Advogado

Comunicação com o cliente

Atenção!

Tem direito o advogado a comunicar-se pessoal e reservadamente com seu cliente (mesmo sem procuração).

Prerrogativas do advogado

Art. 6º do e Art. 7º do Estatuto da OAB

Inviolabilidade do escritório

ceisc

- É garantido ao advogado a inviolabilidade dos seus instrumentos de trabalho – aí incluídos todos os documentos relativos ao serviço da advocacia.
- Exceção: existindo indícios de autoria e materialidade contra o advogado.
  - Mediante ordem judicial (específica e fundamentada);
  - Cumprida na presença de representante da OAB.

Prisão em flagrante do advogado

- O advogado tem direito de, quando for preso em decorrência do exercício da profissão, ter a presença de representante na OAB na lavratura do flagrante.
- O motivo da prisão em flagrante tem que ser ligado ao exercício da advocacia. E a lavratura do flagrante sem a presença de representante da Ordem gerará a nulidade da prisão.

Local da prisão

- Tem direito o advogado, antes de sentença condenatória transitada em julgado, de ser recolhido preso em sala de Estado Maior.
- Segundo decisões reiteradas do STF, a falta de instalações condignas para receber o advogado lhe garante o direito de prisão domiciliar (sempre até o trânsito em julgado da decisão condenatória).

Deveres do advogado

a) O exercício da advocacia é incompatível com qualquer procedimento de mercantilização (art. 5º do CED);

b) É defeso ao advogado expor os fatos em Juízo ou na via administrativa falseando deliberadamente a verdade e utilizando de má-fé (art. 6º do CED);

c) É vedado o oferecimento de serviços profissionais que impliquem, direta ou indiretamente, angariar ou captar clientela (art. 7º do CED).

Direitos da Mulher Advogada

Gestante

Art. 7º-A do Estatuto da Advocacia e a OAB

- Entrada em tribunais sem ser submetida a detectores de metais e aparelhos de raios x;
- Reserva de vaga em garagens dos fóruns dos tribunais.

Lactante, adotante ou que der à luz

Acesso à creche, onde houver, ou a local adequado ao atendimento das necessidades do bebê.

Adotante ou que der à luz

Suspensão de prazos processuais quando for a única patrona da causa, desde que haja notificação por escrito ao cliente.

Cuidado!

Os direitos assegurados nos incisos II e III do art. 7º-A do Estatuto à advogada adotante ou que der à luz serão concedidos pelo prazo de 120 dias (art. 392 da CLT).

O direito assegurado no inciso IV do art. 7º-A do Estatuto à advogada adotante ou que der à luz será concedido pelo prazo de 30 dias (art. 313, § 6º, do CPC).

Gestante, lactante, adotante ou que der à luz

Preferência na ordem das sustentações orais e das audiências a serem realizadas a cada dia, mediante comprovação de sua condição.

ceisc

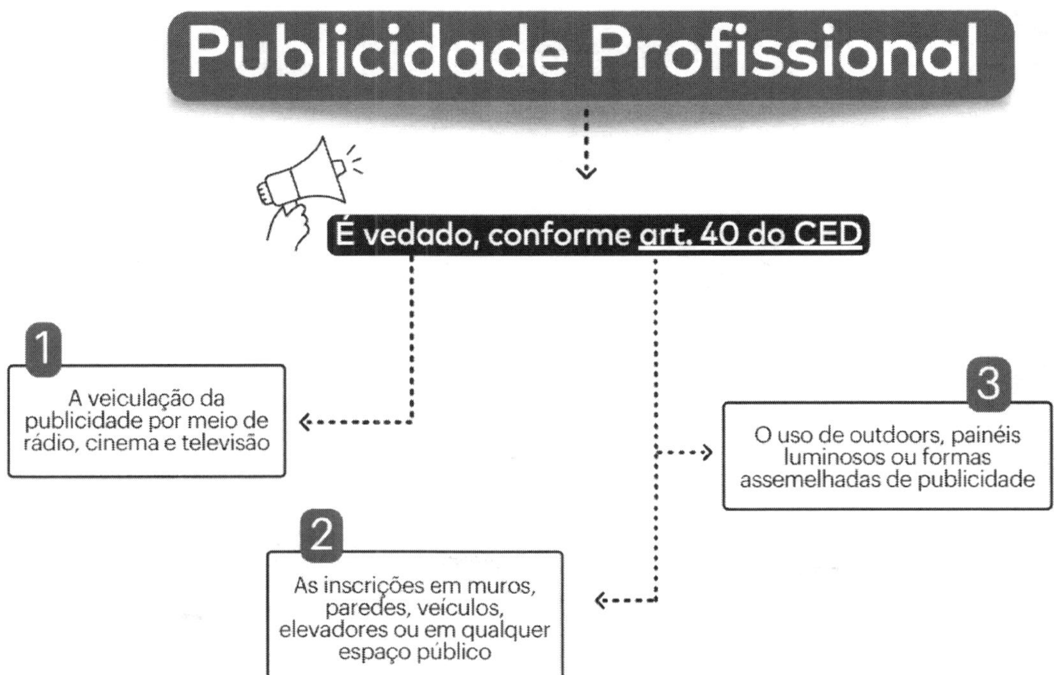
Publicidade Profissional
É vedado, conforme art. 40 do CED
1
A veiculação da publicidade por meio de rádio, cinema e televisão
2
As inscrições em muros, paredes, veículos, elevadores ou em qualquer espaço público
3
O uso de outdoors, painéis luminosos ou formas assemelhadas de publicidade

ceisc

Infrações e Sanções Disciplinares

Sanções disciplinares

Arts. 35 a 43 do Estatuto

Para serem aplicadas, exigem devido processo legal, ou seja, processo disciplinar válido. Dividem-se em censura, suspensão e exclusão.

Censura

Art. 36 do Estatuto

É aplicada, quando o advogado comete atos contrários ao Código. Não é pública e consiste em registrar no prontuário do advogado a pena.

Suspensão

Art. 37 do Estatuto

Aplicada a pena de suspensão, ficará o advogado proibido de exercer a advocacia em todo o território nacional.

Infrações aplicáveis na pena de suspensão

- Todas que envolvam dinheiro;
- Erros reiterados, configurando inépcia;
- Retenção abusiva de autos;
- Conduta inadequada (envolvimento em drogas, escândalos)

Exclusão

Art. 38 do Estatuto

É a pena mais grave, será pública e gerará o cancelamento da inscrição.

Será aplicada quando houver:

a) prova falsa de requisito da inscrição;

b) falta de idoneidade moral para o exercício da advocacia;

c) prática de crime infamante; e

d) terceira suspensão.

Infrações

Art. 34 do Estatuto

- As infrações são condutas negativas ou comportamentos indesejados do advogado, definidas e tipificadas pelo Estatuto (e não podem ser objeto de interpretação extensiva ou analógica).
- Apenas os inscritos na OAB podem cometer infração disciplinar (não há como responsabilizar terceiro, não inscrito).

Processo Disciplinar

Instauração

Será instaurado de ofício ou mediante representação.

Essa não pode ser anônima.

Condução do processo

A atribuição para conduzir o processo, na primeira instância, será do Tribunal de Ética e Disciplina, órgão subordinado ao Conselho Seccional.

Julgamento

O julgamento do TED, apesar de ser a primeira instância, será colegiado (não existe decisão monocrática).

Sigilo

Será garantido o sigilo do processo até a decisão final, proporcionando-se ao acusado a mais ampla e constitucional defesa.

Recursos

- O recurso contra decisão do TED será de competência do Conselho Seccional, por uma de suas Câmaras Julgadoras;
- Os recursos terão, como regra, o duplo efeito (devolutivo e suspensivo).

! Excepcionalmente, o recurso terá apenas efeito devolutivo nos seguintes casos:

- Processo/recurso referente à eleição da OAB;
- Exclusão de advogado que produziu prova falsa para inscrição nos quadros da OAB;
- Suspensão preventiva.

Incompatibilidade e Impedimento

Conceito

Impedimento

É a proibição parcial (limitação) do exercício da advocacia.

Cuidado: O advogado impedido pode advogar (apenas exercerá a advocacia com algumas limitações).

Incompatibilidade

É a proibição total do exercício da advocacia.
Poderá ser:

- Definitiva: gerará o cancelamento da inscrição.
- Temporária: acarretará o licenciamento da inscrição.

Causas que geram a incompatibilidade

Art. 28 do Estatuto da Advocacia e a OAB

A incompatibilidade não cessa quando o ocupante deixa de exercer o cargo que a gerou temporariamente. Atenção:

- Não têm incompatibilidade Diretor ou Coordenador de Curso/Faculdade de Direito de Universidade Pública;
- Gerente de banco (público ou privado) não pode advogar; no entanto, o Gerente Jurídico de banco pode, exclusivamente para o banco.

Importante!

Membro do Poder Legislativo que faz parte da mesa diretora exerce atividade incompatível com a advocacia (não poder advogar).

Quanto ao Poder Legislativo:

- Faz parte da mesa → Incompatível
- Não faz parte da mesa → Impedimento

Causas que geram o impedimento

Art. 30 do Estatuto da Advocacia e a OAB

O Supremo Tribunal Federal declarou a inconstitucionalidade de dispositivos do Estatuto da Advocacia que autorizavam policiais e militares na ativa a advogar em causa própria (ADI) 7227.

BIBLIOGRAFIA

LOBO, Paulo. *Comentários ao Estatuto da Advocacia e da OAB*. 12. ed. São Paulo: Saraiva, 2019.

NALINI, José Renato. *Ética geral e profissional*. 2. ed. São Paulo: RT, 1999.

RAMOS, Gisela Gondin. *Estatuto da advocacia: comentários e jurisprudência selecionada*, 7. Ed. Belo Horizonte: Fórum, 2017.

SITES CONSULTADOS

Código de Ética e Disciplina da OAB. Disponível em: https://www.oab.org.br/publicacoes/AbrirPDF?LivroId=0000004085. Data de acesso: 10 set. 2021.

Estatuto da Advocacia e da OAB e Legislação Complementar. Disponível em: https://www.oab.org.br/publicacoes/AbrirPDF?LivroId=0000002837. Data de acesso: 10 set. 2021.

OAB Nacional: Jurisprudência / Súmulas. Disponível em: https://www.oab.org.br/jurisprudencia/sumulas. Data de acesso: 10 set. 2021.

Regulamento Geral. Disponível em: https://www.oab.org.br/publicacoes/AbrirPDF?LivroId=0000004095. Data de acesso: 10 set. 2021.

EDITORA *Jus*PODIVM
www.editorajuspodivm.com.br

RENOVA GRAF
www.renovagraf.com.br

JUS3501